無心のすすめ

無駄なものをそぎ落とす

枡野俊明
曹洞宗徳雄山建功寺住職

711
中公新書ラクレ

はじめに

二〇二〇年には、世界中で新型コロナウイルスの感染が拡大し、生活様式など多くのことが見直されました。人生観、死生観が変わった人もいるのではないでしょうか。

遡《さかのぼ》れば、新型コロナウイルスが広がる以前の現代社会では、これまでに比べて「死」が身近なものではなくなっていたといえます。世代ごとに分かれて暮らす家族が増え、家ではなく病院で死ぬのが当たり前になっていたからです。

田舎《いなか》のおじいさんやおばあさんの具合が悪いと聞いて見舞いに行ったあと、次には訃《ふ》報《ほう》が届いてお葬式に出る、といった経験をしている人は多いはずです。同じ家で暮らしているおじいさんやおばあさんが少しずつ死に近づいていく過程を目の当たりにしているのとはずいぶん違います。矢継ぎ早にカットが変わっていくドラマを観たり、漫画を読んだりするのにも近いような展開です。

そうなってくれば、死を考える機会は自然に減ります。

死は必ず誰もが迎えるものだとわかっていても、若いうちはまだまだ先の話で、自分には関係ないと思い込みます。親が老いていくのもなかなか実感しません。自分や身近な人の死を意識するのを先送りにしようとしているためです。

それでも今回、身近に接近する死から目を背けているわけにはいかず、死が他人事ではないのを感じた人は多かったはずです。

年齢を問わずに誰もが死に対する距離感を縮めたのではないでしょうか。

死を考えることは「どう生きたらいいか」を考えることと表裏一体です。生と死についてあらためて意識する機会を持てたとすれば、それだけの意味が必ずあります。

外出自粛期間を過ごし、テレワークも増え、人と会う機会も減ったのではないかとも思います。一人になる孤独な時間が増えたなら、その時間をどのように過ごしていくかが問われます。人との関係が断ち切れてしまう「孤立」と違い、社会との接点を保ちながら自分だけの時間を持つのが「孤独」です。

そういう時間を持てたなら、静かな心をつくることもできます。

「動中工夫勝静中、百千億倍（動中の工夫は静中にまさること、百千億倍）」

とは江戸時代の高僧、白隠《はくいん》禅師の言葉です。

静中で静かな心を保つことより、動中で静かな心を保つことのほうが難しい分、価値があるという意味です。逆にいえば、静中で思索し、静かな心を得るのは、それほど難しくはないということです。目指すところは動中でも静かな心でいられるようにすることであっても、まずは静中で静かな心を摑《つか》んでおくのがいいでしょう。それができれば、心のストレスも緩和され、生きるのがつらい、というような苦しさから解放されます。

静かな心でいるには「無心」になることです。

無心とは、物事に心をとどめないことです。

心を無くす、思考しない、というわけではありません。ひとつのことに執着しないで、自分がやるべきことに集中できているのが無心です。

趣味の世界に入り込んでいるようなときは、他のことは考えず、目の前の一事に没頭しやすいものです。好きなことをしているときだけに限らず、その状態になれるように目指します。仕事であれ、家事であれ、趣味であれ、食事であれ、そのことをしているそのものになりきります。

邪念、我欲、煩悩、執着を離れたところに無心があります。

他のことはいっさい考えず、自分の本分を全うするのが無心です。

たとえば、うぐいすが綺麗《きれい》な声でさえずっているとします。なんて美しいさえずりなんだろうと思うのは人間の勝手であり、うぐいすは自分の本分を全うしているのに過ぎません。だからこそ、うぐいすは我々を感動させてくれるのです。もし、うぐいすに、いい声で鳴いて人間を感動させようという邪念や我欲があったとしたなら、同じ声で鳴いていても我々の心は動かされないはずです。

本分を全うしている姿は美しく、すがすがしいものです。

人間でいえば、甲子園で戦う高校球児などもそうです。「こういうプレーをすれば観客が喜ぶはずだ」、「スカウトの目にとまって高い年俸をとれる選手になれるだろう」といった邪念は持たず、ただ勝つためにひたむきになっています。そういう姿こそが見る者に感動を与えてくれるのです。周りを感動させるだけでなく、プレーしている本人も研ぎ澄まされた感覚になり、持っている以上の力を発揮できます。

無心になっているからこそ気がつけること、感じられることもあります。

風の音、木々の香りなどもそうです。

それまでにも聞こえていたはず、香ってきていたはずなのに気づけていなかったものを新鮮に心と体で感じることができるのです。

無心になるというのは心が自由になることです。

その境地を摑むためにも坐禅がすすめられます。坐禅を組むことは無心の境地を感じ取るための手段であり、修行(練習)になります。

坐禅の基本は「なりきる」ことであり、禅の世界に「ながら」はあり得ません。

現代社会はあまりにも慌ただしいうえに情報が多すぎます。食事をしながらスマホでSNSをチェックするなどといった「ながら」が日常になっています。それでは食事の味もしっかりとは感じ取れないはずです。そういった「ながら」がない生活を心がけていくのが大切です。完全にそうするのが難しいとしても、坐禅を組む短い時間だけは、他のことにはいっさい惑わされないようにしていきます。それができれば、無心に近づいていけます。

私たち禅僧にとって坐禅は日々の営みから切り離せられないものになっています。日頃から、坐禅を組んでいるわけですが、ぽんと無心になれるときもあれば、無心になるのに時間がかかってしまうこともあります。精神的に落ち着いているときには、すっと入っていけるのに、時間に追われているようなときにはなかなか入りにくいものです。その日の体調や、坐禅を組むまでに何をしていたかによっても違ってきます。

すっと無心に入れたときは、それだけで心がおだやかになります。すぐそばに坐っている人がいてもそれを感じず自分だけでいるような気になります。

大げさではなく、宇宙とひとつになれているような静かな心地良さです。

正しく坐禅を続けていれば、誰でもこの感覚を味わえるようになります。

はじめのうちは、なかなか無心の状態に入れず、入れたとしても短い時間になります。

それでも、続けているうちに早く入れて、その時間が長くなっていきます。そういうときは本当に気持ちがいいだけでなく、坐禅を終えたあとも心おだやかに過ごせます。世間がどれだけ騒がしくても惑わされず、自分がやるべきことを見失わずにやれるようになるのです。

坐禅をしている時間だけに限らず、自分の心をコントロールできるようになることが、いまの社会では求められているはずです。

こういう時代だからこそ、無心の境地を知り、無心で過ごしてください。

そのための手引きとしてこの本を役立ててもらえたなら幸いです。

合掌

令和二年一一月吉日

建功寺方丈にて　枡野俊明

目次

頭にきかけたときには「ありがとさん」
怒りは絶対に増幅させない
幸せはお金で買えない
「生への感謝」は心の平穏を生み出す
生き方は人それぞれ
人間は二度亡くなる
不安や悩みは誰でもなくせる
比べることをやめれば幸せを得られる
見栄や物欲を捨て、心を無にする
比べるのをやめれば、心の重荷をおろせる
出世で手に入れる肩書は「数年だけの名札」
身心がリラックスする「丹田呼吸」
「正しい姿勢」とは?
「坐禅」は無心になるための最高のトレーニング
誰でも手軽にできる「椅子坐禅」

第4章 「孤独」を大切にしながら、人と「つながる」

第5章

「病い」や「老い」、そして「死」とはいかに向き合うべきか

編集協力／内池久貴
イラスト／瀬川尚志
本文ＤＴＰ／今井明子

無心のすすめ

無駄なものをそぎ落とす

第1章

人は誰でも「無心」になれる

無心になれば「人」は集まり「結果」につながる

「花は無心にして蝶を招き
蝶は無心にして花を尋ぬ」
とは良寛さんが詠んだ詩です。
良寛《りょうかん》さんは歌人、書家としてもよく知られている江戸時代の禅僧です。
春になると花は甘い香りを放ち、蝶は花のもとへとやってきます。
そうするべきだと誰かに学んだわけではなく、ごく自然に花と蝶は結ばれていきます。
それが無心の行為だということを良寛さんは言っているわけです。
学ばずとも自然にそうなる法則のようなものを仏教では「因縁《いんねん》」といいます。
私たち人間もさまざまな因縁《いんねん》の中で生きています。
自分を取り巻く環境のすべては「縁」あってのものです。家族や伴侶も含めた人間関係はもちろん、住んでいる町、働いている会社などもそうです。

そんな中にあり、より良い縁を求め、より大きな結果を出したいと望むのが人間です。しかし、そうした思いはことさら強くするべきではありません。

評価を得たい、誰からも好かれたい、などと考えるのではなく、「無心」で成すべきことを成していれば、自然に人は集まってきて、いい結果が出ます。

毎日、さまざまな出来事に一喜一憂している人は多いのでしょう。うまくいかなければイライラするなど、決してプラスにはならない負の感情をいだいてしまう場合もあるかと思います。無心に近づけば、そういうことはなくなります。感情に振り回されず、心おだやかでいられるようになるからです。

良寛さんもずいぶん写経していたといわれる『般若心経《はんにゃしんぎょう》』で説かれているのも「空《くう》になれ、無心になれ」ということです。

無心になるのは、たやすいことではないとはいえ、この本を手に取っていただいた皆さんにはぜひその境地を目指してほしいところです。

雑念は認めて、追いかけずに手放す

「雲無心出岫（くもはむしんにして、しゅうをいず）」という禅語があります。岫とは谷あいのことです。雲はなにものにもとらわれず、谷あいから現れ、風が吹くままに形を変えて流れていきます。そこにはいっさいの作為はなく、わだかまりもありません。それこそが無心だということです。

坐禅を組むときも無心であるのがいいとされますが、その気持ちが強すぎると、かえってとの思いにとらわれてしまいます。それが無心になることを邪魔します。無心になるには雲のように作為を持たないことです。

雑念が浮かんでこないように力みすぎるのはよくありません。雑念が浮かんできてもすぐに流してしまえれば無心になっているといえるのです。

無心とは、物事に心をとどめないこと。ひとつのことに執着しないことだと最初に書きました。

一般の人が坐禅を組んでいるなら、途中で仕事のなりゆきが気になる場合もあるでしょう。そのこと自体は認めて、すぐに流してしまえばいいのです。

私たち僧でも、坐禅をしていて、「おなかが空いてきたな」と感じることはあります。そこで「このあとの食事は何かな？」と考えてしまえば、「卵焼きがあればいいな」などというように雑念を追いかけてしまうことになります。「おなかが空いたな」と感じたときには、それは認めながらも取り合わないでおきます。

思考するから心にとどめてしまうのであり、思考しなければ自然に消えていきます。

それが無心です。

無心になれば、悩みや不安などにはとらわれなくなります。

ストレスや不安の多い社会に生きているからこそ、この境地を目指す意味は大きいといえます。無心に近づけば近づくほど生きることがラクになります。

執着や妄想はすべて捨て去る

「放下着《ほうげじゃく》」という教えがあります。

放下は放り出す、切り捨てるという意味で、着（著）は、強調、命令の助辞です。すなわち「すべての執着や妄想を捨て去れ！」ということです。

何かにとらわれているから悩みが生まれます。坐禅をしているときに限らず、過去にあった出来事などにはいっさい思いを残さず、すぐに手放してしまうべきです。

幕末に出家し、明治期には東京帝大で教鞭《きょうべん》をとっていたこともある原坦山《たんざん》という禅僧がいました。

その坦山さんが連れの禅僧と修行の旅をしていたとき、橋のない川の前で若い女性が渡れずに困っていたことがあったそうです。そこで坦山は迷わず、「私が渡してあげましょう」と言って、女性を背負って川を渡りました。礼を言う女性と別れてそのまま歩いていると、その行為に疑問を感じていた連れの禅僧が「修行の身でありながら、女を背負うなどけしからんのではないか」と声を荒らげました。

そう言われたことに驚いたように坦山は笑って返しました。

「なんだ、お前はまだ女を背負っているのか。俺はとっくに放しているぞ」

女性に触れれば戒律を破ることにもつながりますが、最初からそこにこだわっていなかった坦山の中では、そんな行為はなかったことになっていたのです。そのため、よからぬことをしてしまったのではないか、と悩むこともなかったわけです。

いつまでも悔やまない、いつまでも喜ばない

一休宗純《いっきゅうそうじゅん》禅師にも似た逸話があります。

頓智《とんち》で有名な一休さんですが、破戒僧といわれることもあるほど我が道を行きながら、若くして悟りを開いている高僧です。

その一休禅師が弟子を連れて町を歩いていたとき、通りかかった店で鰻《うなぎ》を焼いていたので、「うまそうじゃな」と呟《つぶや》きました。すると、寺に戻ったあとに弟子から「あのようなことをおっしゃるのは不謹慎ではないのですか」と問われたというのです。

一休禅師はこう答えました。

「なんだ、お前はまだ鰻にとらわれているのか。わしは、うまそうじゃなという思いなど、店の前に置いてきたわ」と。

鰻の匂いを嗅《か》いだ瞬間においしそうだと食欲をそそられるのは自然な反応です。しかし、その気持ちを引きずらなければ、あとには引きません。「おいしそう」という気持ちを口に出すか出さないかの問題ではありません。そういう思いを引きずっているからこそ、「あんなことを言うのは不謹慎に当たらないのか」という疑問を持ったり、「食べたかったな」という未練を残してしまうのです。

欲でも悔やしさでもそうです。そういう気持ちが生じたとしても、引きずらずにすぐに断ち切ります。それが流すということです。

頭に浮かんだ執着や妄想もすぐに消してしまえば、常に前を向いていられます。

また、失敗したことがあったときなどに、悔いを残すことにも意味はありません。「割鏡不照《かっきょうふしょう》」という禅語があります。

そのままの意味で、割れてしまった鏡は、もう周りを照らしてはくれないということです。すんでしまったことをくよくよしていても仕方がありません。

失敗したときだけでなく、成功したときもそうです。

いつまでも悔やんでいない、いつまでも喜んでいない。

終わったことは終わったこととして次に進んでいく。それが無心です。

前後際断——過去にとらわれず、未来を憂えない

日本の曹洞宗《そうとう》の開祖である道元《どうげん》禅師は『正法眼蔵《しょうぼうげんぞう》』の中で次のように説いています。

「薪《たきぎ》は薪の法位に住して、さきありのちあり。前後ありといへども、前後際断せり。灰は灰の法位にありて、のちありさきあり」

薪が燃えれば灰になるので、灰を見た私たちは「この灰はもともと薪だった」と考えます。しかし道元禅師は、灰には灰の法位（真理、あるがままの姿）があるのだとして、そのような見方を否定します。

薪が燃えて灰になったのだとしても、いま灰になっているなら灰にほかならない。目の前にあるその存在にこそ真理があるということです。

この教えは「前後際断《ぜんごさいだん》」という禅語になっています。

禅の世界の考え方はこの一語にあらわされているともいえます。

過去、現在、未来という「三世《さんぜ》」があり、その中で私たちが生きているのは現在です。その現在を、過去や未来と対比しようとはしない。現在だけを考えて生きていくべきだということです。

無心とは、物事に心をとどめないことなので、前後際断を常としなければ無心にはなれません。

たとえば、あなたが誰かに裏切られたとします。いつまでもその恨みが残り、いつか仕返しをしたいと考えているとすればどうでしょうか？

いつまでも過去を引きずり、「裏切られた自分」として生きているわけであり、その恨みは未来にまで持っていくことになります。禅の世界ではそれをよしとしません。裏切られたことなどは過去として切り離し、毅然《きぜん》とした姿で現在を生きていきます。

過去にとらわれず、未来を憂えず、ひたすら「いま」に没頭する――。

それが禅の考え方であり、無心のあり方です。

マインドフルネスは禅から生まれた

最近はマインドフルネスという瞑想法が注目されるようになりましたが、核心部分の考え方は禅と同じです。

「過去や未来にとらわれず、現在に集中する」

「瞑想していて雑念が湧いてきたなら、そのこと自体は認めて、その雑念を手放すようにする」

それがマインドフルネスの基本です。

発想が酷似していますが、それもそのはずです。どうしてかといえば、マインドフルネスは、禅の考え方を現代的、西洋的に体系化したものだからです。

マサチューセッツ大学医学大学院のジョン・カバット・ジンという教授が禅を学んで感動したようで、禅の教えを科学分析したいと考えました。そのためマサチューセッツ大学の中にマインドフルネスセンターをつくったのがマインドフルネスの始まりです。

その後、ストレスの緩和など、効果の大きさが実証されました。そのため、アップルやグーグル、フェイスブックといった名だたるグローバル企業が研修などにマインドフルネス瞑想法を取り入れるようになったのです。

つまり、こうした企業で働く世界中の人たちもまた、前後際断でいようとしているわけです。それはすなわち無心を目指しているということです。

禅とマインドフルネスでは大きな違いがひとつあります。

禅の世界では、効果と呼ばれるようなものを求めて坐禅を組むわけではありませんが、マインドフルネスは効果を得るのを前提にして瞑想しているということです。何かを求めようとはしない坐禅にしても、効果はあとからついてくるのはもちろんです。

無心の極意は「喫茶喫飯」

曹洞宗大本山總持寺《そうじじ》のご開山である瑩山《けいざん》禅師はこうおっしゃいました。

「茶に逢うては茶を喫し、飯に逢うては飯を喫す」

お茶を飲んでいるときにはお茶を飲むことだけに集中し、ご飯を食べるときには食べることだけに集中するのがいいということです。

この言葉は「喫茶喫飯《きっさきっぱん》」という禅語になっています。

「はじめに」では、仕事であれ家事であれ、趣味であれ食事であれ、そのことをしているそのものになりきるのが無心だと書きました。

要するに「喫茶喫飯」こそが無心の極意なのです。

唐代には趙州従諗《じょうしゅうじゅうしん》という禅僧がいました。たくさんの弟子がいたので「悟りを開くにはどうすればいいのですか?」と尋ねられることも多かったようです。そう問われたときに趙州禅師は「お茶を飲んでいきなさい」と答えていました。弟子がお茶を飲み終えると、「おいしかったか?」と聞き、「とてもおいしかったです」と返されると、「それでは帰りなさい」と告げました。他には何も教えようとはしなかったのです。いじわるをしていたわけでもなければ、「おいしかった」という答えが気に入らなかったわけでもありません。お茶を飲むときには他のことは考えず、ただお茶を飲むことに集中すべきだということを教えていたのです。

これが意外に難しいことです。

たとえば昼食後にお茶を飲んでいるようなとき、多くの人は、午後の仕事はどうしよう、夜のデートはうまくいくだろうか、などと考えがちです。そうなっているのであれば、お茶を飲むという行為と心がひとつになれていないわけです。

そのように心ここにあらずにならないように、いまやっていることに心を込めなさいというのが喫茶喫飯の教えです。

大抵の人には何かしら趣味があると思います。仮にカラオケがそうだとしましょう。

だとすれば、カラオケをしているときには仕事のことは考えず、ただひたすら楽しんで歌えばいいのです。仕事をしているときは逆です。終わったあとはどうしようなどとは考えず、目の前の仕事に没頭します。それができていてこそ、趣味が楽しめ、仕事がはかどります。

効率があがるだけではなく、楽しく仕事ができます。身近に楽しそうに仕事をしている人がいたなら、その人はそれだけ仕事に集中できているということです。

会話にしても、上の空で人の話を聞いているか、しっかりと話を聞いているかはすぐにわかります。

趣味でも仕事でも会話でも、とにかくその瞬間に没頭することです。

無心になれば、仕事の効率も人生の意味も変わる

ひとつのものになりきるほど集中することを「一行三昧《いちぎょうざんまい》」といいます。

「釣り三昧」、「仕事三昧」といった言い方をすると、釣りばかりしている、仕事ばかりしているという意味にもなりがちですが、それとはニュアンスが異なります。

三昧とは梵語《ぼんご》のサマディを音写した言葉で、「雑念をなくして、心をひとつのことに集中できている状態」を指します。

要するに「無心になれている」ということです。

その意味でこの言葉を使っているとするなら、言葉の解釈は違ってきます。

「坐禅三昧」、「読経三昧」、「作務三昧」といった場合は、それぞれのことをやっているときにはそれぞれになりきっているほど集中できているという意味になります。

私の場合は、僧であるだけでなく庭園デザイナーでもあるので、「禅の庭」を手掛ける仕事もしています。

構想段階、準備段階においては、どのような庭にするかをいろいろと考えます。どの石をどこにおくのがいいかといった配置には常に頭を悩まされます。

日本人だけでなく海外の人にもわかってもらうにはどうすればいいか、といったことを考える場合もあります。

しかし、いったん現場に入ってしまえば、違います。

暑さや寒さを感じることはなく、人に話しかけられても言葉が耳に入ってこないこともあります。海外の人にもわかってもらいたいといった雑念もなくなります。そうなっているのも三昧であり、無心に近い状態です。

庭と自分が一体化しているような感覚です。そうなると、仕事ははかどります。

早く完成させよう、いいものにしよう、といったことを考えていないのに、すごいスピードで、最初に頭に描いていた以上の庭ができていきます。

それが三昧になれているときの力です。

無駄なものをそぎ落として、ひとつのことに集中しているからこそ、できること、見えることは必ずあります。

日々の仕事をしている際はもちろん、趣味で何かを行う際にも三昧の境地、無心の境地を目指してください。

あなたにとっての人生の意味が変わってくるのは間違いありません。

うまくいかなくても「なんとかなる」

「万法帰一《ばんぽういちにきす》」

世の理《ことわり》のすべて、この世で起きている森羅万象は根源を一にする。何が起きていても、必ず同じところに帰ってくる、という意味の禅語です。

毎日がつらい、自分はどうしてこんなに不幸なのか……と悩んでいる人は少なくないと思います。しかし、苦しみや悲しみ、不幸などがいつまでも永遠に続くことはありません。必ずどこかで状況は変わり、真理に収束します。

逆もいえます。いまはとにかく幸せだ、あの人に出会えてよかった……と憂いのない日々を送れている人にしても、それがいつまで続くかはわかりません。幸福もまた永遠には続かず、人との別れはいずれ訪れます。命に限りがある以上、出会った人と永遠に一緒にいられることはありません。

この真理を理解していれば、悩みや不安、執着や妄想を手放しやすくなります。

世の中の状況は常に移り変わっていきます。

この原稿をまとめている二〇二〇年には新型コロナウイルスの感染が広まり、人々は新しい生活様式を模索していました。これまでの常識が常識でなくなった部分もあれば、新しい常識が生まれてきた部分もあります。しかし、この新型コロナウイルスにしても、私たち人間を永遠に悩まし続けることはないはずです。いつか不安のない日がくると信じて、投げやりにならず、いまを生きることです。

「禍福は糾《あざな》える縄の如し」という言葉もあります。『漢書《かんじょ》』や『史記』に由来する故事成語であり、幸福と不幸は表裏一体で、かわるがわるやってくるという意味です。

いまが不幸だと思っているならそれを信じ、いまが幸せだと思っていても慢心はしないようにする。そういう考え方をしてみてください。

世の中には永遠といえるものは何ひとつありません。

それが「無常」ということです。

すべて思いどおりにいくことも、まずありません。それがわかっていないから、「どうしてうまくいかないのか……」と悩んでしまうのです。

努力をしていれば、成果を望むのは自然な感覚です。ただし、努力をすれば結果がついてくるとは決めつけないこと。うまくいっていないようなときにも、「なんとかなる」と考えればいいのです。

やわらかく、しなやかで、固定観念から解放された自由な心を「柔軟心《にゅうなんしん》」といいます。

道元禅師は、宋で修行して日本に戻られたとき、「宋では何を学んできましたか」と尋ねられ、「柔軟心を得たり」と答えられました。

簡単にはたどり着けない境地といえます。そこに近づくために大切になるのは「なんとかなる」というスタンスです。

つらい状況にあるときでも「なんとかなるさ」と笑って呟きましょう。

そのひと言が、固定観念に縛られた窮屈な心をほぐしてくれるのです。

無駄なものをそぎ落とす

私たちは毎日をどのように生きていけばいいのでしょうか。

これまでに起きたことや先がどうなるかを考えすぎず、いまできることに無心で取り組むことです。

禅の世界では、先に目標を設定することはしません。先の目標ばかりを考えていると、「それが叶えられなかったらどうしよう」という不安を芽生えさせてしまうからです。そうすると、いまやるべきことに集中できなくなります。

目標があるから頑張れるというのもひとつの考え方です。しかしそれよりも、脇目も振らず、いまやるべきことに集中していれば、おのずと結果はついてきます。そういう気持ちで日々の生活や仕事に臨むのがいいわけです。

会社の仕事にしても毎日の家事にしても、「どうしてこんなことをしなければならないのか?」という不満が生まれることはあるでしょう。毎日が単調な繰り返しになっているならなおさらです。それでも、無駄なものをそぎ落として、無心で目の前のことに臨んでいれば、そういう感情が頭をもたげてこなくなります。

私たち禅僧もそうです。禅寺の生活では、朝起きてから寝るまでのあいだにやるべきことが休みなく連なっています。修行時代はとくにそうです。朝四時に起きるとすぐに朝の坐禅、朝課(読経)となります。その後も廻廊掃除などの作務が続きます。食事やトイレなどもすべて修行とされていて、細かいしきたりに則って行います。気を抜ける時間は少しもないので、あれこれ考えたり悩んだりすることがありません。

僧に限らず、昔の日本人の生活はそれに近かったはずです。夜が明けるのとほとんど同時に畑に出かけ、日が暮れるまで畑仕事をして、家に帰ったあとには内職をするなどして、疲れ切って眠りにつきました。

目の前のことだけに一心になっていたのでは発展がないと思われるかもしれませんが、そんなことはありません。やるべき仕事に没頭できていれば、効率のいいやり方などを見出して、よりうまく、より早くやれるようになっていきます。

水が流れる場所にはおのずと渠《きょ》ができます。はじめは細い渠でも、少しずつ太い渠になっていき、やがてみんなの役に立つ水路になります。

その真理を「水到渠成《すいとうきょせい》」といいます。

仕事もそうです。目標といったことを考えすぎず、実直な仕事をしていれば、そのうちすばらしい成果を残せます。そうなれば周囲の評価も高まることでしょう。

この仕事をうまくやって評価されたいといった作意があれば、それが周囲に伝わり、警戒されてしまうので、無心でやっているほうが人は集まってきやすくなります。

「任運自在」、そして「無心是我師」

「任運自在《にんぬんじざい》」という禅語があります。

任運とは、あるがままのはからいに任せて、作為を加えようとしないことです。自分の身に何が起きていようとも、「なんとかなるだろう」と考える。大きな流れに自分をあずけて、悠然と生きるのが任運自在です。

思わぬところで嫌なことを言われたり、予想もしていなかった反応が返ってくることもあるでしょう。いい仕事ができたと思っていたのに否定されたり、やり直しを命じられるようなこともあるかもしれません。

えっ⁉と驚くことはあっても、慌てないようにしたいものです。

あるがままを受け入れられるようになると、心の苦しみはなくなります。

どんなことでも自分の思いどおりになると考えているなら、それ自体が誤りです。そういう考えを持っていることが苦悩につながります。

「無心是我師《むしんこれわがし》」という禅語もあります。

どちらが正しいというような思慮分別を打ち払い、善し悪しを決めつけようとしないこと。あるがままを受けて入れ、成すべきことを一心にやっていれば、自然と道はできていきます。

求めるのをやめることで到達できる場所

臨済《りんざい》宗の宗祖である臨済義玄《ぎげん》禅師が残された言葉に「無事是貴人《ぶじこれきにん》」があります。

無事というと、何事もなく平穏であること、つつがなく安泰であることがイメージされやすいはずです。師走の茶席でもこの言葉が書かれた軸が掛けられることが多く、その場合はやはり、何事もなく一年を過ごせた感謝の意を示す意味を持ちます。しかし、臨済禅師が説いた本来の意味はそうではありません。

無事是貴人は臨済禅師の語録である『臨済録』に見つかる言葉です。

『臨済録』にはこう書かれています。

「求心歇《ぐしんや》む処、則ち無事」

歇むは、休む、やめるという意味なので、求める心がないのが無事だということです。

貴人というのも一般的なイメージとは少し異なり、単に貴い人ということではなく、悟った人を指します。つまり、求める心、欲する心をなくしたなら、その時点で悟っているのと同じことだという意味です。

臨済禅師がいうところの求める心とは、仏道を究めることや悟りを得ようとすることです。そういう心すら持たないようにすることによって、はじめて悟りへの道が開かれるというわけです。

求めるものは人それぞれでしょう。しかし、「あれを手に入れたい」というような欲を捨ててこそ、心の安息が得られるものなのです。

不安や心配事のほとんどは現実にならない

皆さんに知っておいてほしいのは、不安や心配事はすべて未来を想定したものだということです。

ああなってしまうのではないか、こうなってしまうのではないか……と悩んでいるわけですが、そこで考えていることのほとんどは現実になりません。

つまり人は、常に「余計な心配をしている」ことになります。

一方で、悔いは、過去の出来事に対して持つものです。過去のことを考えても、いまさらどうにもできません。

そう考えてみれば、不安や心配事、悔いといった負の感情はすべて、持つ意味がないものだということになります。だからこそ、そういうものが頭をよぎったとすれば、すぐに打ち消してしまえばいいのです。

「一切唯心造《いっさいゆいしんぞう》」という禅語があります。

すべての現象は自分の心がつくりだしているものだという意味です。

ついつい抱え込んでしまう不安や心配事にしても、自分の心が生み出しているものに過ぎません。そのことがわかると、不安や心配事に惑わされているのがつまらなく思えてくるはずです。負の感情を抱えすぎていると、やがて心が病んでいき、うつ病になるなど、身心の不調を引き起こしてしまいます。

不安や心配事などとはまったくの無縁だという人はいないはずですが、そうした感情がふくらみかけたときには、一切唯心造という言葉を思い出してみてください。
それによって無心に近づけます。

「禅語」で学ぶ、**無心の境地**

禅語とは禅門独特の言葉のことです。厳しい修行をやってきた禅僧が、自由闊達《かったつ》な境地から言葉を発し、それが現代に伝えられています。お釈迦様の教えを元にしながらも、個性豊かな言葉がたくさん見つかります。

ここまでにもいくつかの禅語を示してきましたが、無心の境地を知るための禅語を、もう少し紹介しておきます。

心外無別法

しんげむべっぽう

一切唯心造と意味は近く、この世に起きるすべての現象は、人間の心とは別に存在するものではない、という意味です。

道元禅師が書かれた『正法眼蔵』にはこうあります。

「三界唯一心　心外無別法　心仏及衆生　是三無差別

（三界ハ唯一心ナリ　心外ニ別法無シ　心ハ仏ヨリ衆生ニ及ブ　是レ三界ニ差別無シ）」

三界（欲界、色界、無色界を合わせたこの世界）は心がつくりだすものであり、心とは別に存在するものではない。心と仏と衆生に差別はない――とお釈迦様は説かれているということです。

幸せはどこにでも見つかります。

自分は不幸だと感じているのだとすれば、幸せに目がいかず、不幸な部分ばかりを気にしているからです。不幸のコレクターのようになって、自分で不幸をかき集めているだけなのです。

それもすべて自分の心が生み出しているものに過ぎないと理解したなら、落ち込む理由はなくなります。

無念無想　むねんむそう

あらゆる想念（雑念）をなくして、無我の境地に入って、無心になれていることを、無念無想といいます。この境地に行き着くのは大変ですが、少しでも近づくことを目指してください。わずかな時間であっても、雑念にとらわれず、心を解放することができれば、まったく違ってきます。

そのためにもおすすめしたいのが坐禅を組む習慣をつけることです。第3章でポイントを解説しますが、大げさに考えなくても、自分の部屋などでいつでも行えます。

坐禅を組んでいるとき、雑念が湧いてきてもそれを認めたうえで流してしまえばいいのです。坦山さんや一休禅師の逸話を思い出し、雑念などは笑い飛ばすようにしてください。

不安がよぎったときもそうです。そんな不安は「現実にならない」と考えて、頭から打ち消してしまいましょう。不安というものは、考えれば考えるほどふくらんでいくものです。気になることがあっても目を向けないようにしておけばいいのです。

坐禅を組むときには「無心になりなさい」と言われることも多いのですが、無心とは何も思わないことではありません。繰り返しになりますが、思いが湧いてきても、消えていくままに任せておくこと。湧いてきた思いに取り合わないことです。

それを理解しておけば、無心に近づけます。

百花春至為誰開《ひゃっかはるにいたってたがためにかひらく》

「春になると、花が咲き誇るのは誰のためなのか？」という問いかけです。

誰のためでもなく、無心に咲いている。それを教えてくれる言葉です。

最初には「花は無心にして蝶を招き　蝶は無心にして花を尋ぬ」という良寛さんの詩を紹介しました。いわんとするところは同じだと考えてもかまいません。

花は、蝶を招くためや、人の目を楽しませるために咲くのではなく、自らの美しさを誇ろうとして咲くのでもありません。春になれば花を咲かせるのは、それが本分だからです。いっさいの作為はなく、目的もない。

邪心の入り込む余地がない無心の境地がそこにあります。

だからこそ私たちは、花を見て感動を覚えます。自慢げに美しさを誇示されたり、「あなたのために咲いているのですよ」と言われたりしても、同じだけの感動は受けないにちがいありません。

花を見て、美しいと感じて、心が癒《いや》されるのであれば、花が無心であるのを感じ取れているということです。

薫風自南来

くんぷうじなんらい

人皆苦炎熱（ひとはみな　えんねつに　くるしめども）

我愛夏日長（われは　かじつのながきを　あいす）

唐の文宗《ぶんそう》皇帝がそう詠んだのを受けて、柳公権《りゅうこうけん》という詩人が次のように結びました。

薫風自南来（くんぷう　みなみより　きたりて）
殿閣生微涼（でんかくは　びりょうを　しょうず）

この詩から生まれた禅語が「薫風自南来」です。

詩としては、「人は夏の暑さに苦しむが、私は長い夏の日が好きだ」、「南からかぐわしい風が吹いてくれれば、宮殿はわずかに涼しくなる」という意味になります。

この詩ができてずいぶん時間が経ってから、「庶民の暮らしがわかってないから詠める勝手な詩だ」と批判した人が現れました。

かと思えば、宋代の大慧《だいえ》禅師は「薫風自南来　殿閣生微涼」という言葉を聞いたことから悟りを開いたと言われています。

禅語としては、あらゆる想念（雑念）やはからい、こだわりをなくしたときにこそ無心の境地が訪れる、という意味になります。いわんとするところは「求心歇《や》む処、則ち無事」と同じです。悟りたいと望んでいるうちは悟れません。無心になるのも簡単なことではなく、厳しい修行を続ける禅僧でも難しいわけです。

その一方、たとえば近所の子どもたちはどうでしょうか。

無心になるといった発想などはいっさい持たず、無邪気に何かに取り組んでいる姿を見ていると、そこに無心が感じられることがあります。

何かの課題を出されたようなときでも、「友達よりいいものをつくってほめられたい」と思えば、それが邪念になります。そうは考えず、「自分がつくりたいものを、ただつくっている」のだとすれば、そこに無心があるのです。子どもたちが一心に課題に取り組むのは、何も考えずに咲いている花と同じようなものです。

私たちは誰でも、生まれたあと、幼いうちは、いつでも無心になれていたのではないかとも考えられます。それがいつのまにか、友達や兄弟と自分を比べるようになっていき、邪念が割り込んでしまうのではないのでしょうか。

無心を取り戻すためには、幼い頃の記憶を辿《たど》り、「あの頃の自分はどうだったろうか？」と振り返ってみるのもいいのではないかと思います。

ただ楽しむ。ただ感動する。

余計な計算を働かさなければ、それができます。

その頃の気持ちに戻るためにも、何もかも忘れて、無駄なものをそぎ落とし、大好きなことを楽しむのもいいはずです。大人になれば、いつもそうしているわけにはいかないことでしょう。それでも、週に一度、月に一度などというようにそんな時間をつくってみるのです。

人は誰でも無心になれます。

そうなれば、そのとき、心は解放されます。

第2章

「般若心経」の教えと「禅的思考」

あなたの中にもある「仏性」

禅の修行僧を「雲水」といいます。

「行雲流水《こううんりゅうすい》」という禅語を略して雲水です。

雲は空を行き、水は流れる。何ものにも抗《あらが》わず、無心の動きを続けています。本師を求めて修行を続ける僧たちにそうした自然の姿を重ねているわけです。

悟りを開くことに力まず、目の前の修行だけに打ち込みます。禅僧が「飄々《ひょうひょう》としている」と言われることが多いのは、それだけ自然体だからなのでしょう。

執着を手放し、欲を捨てるたび、人は軽やかになります。

雲や水のように無心に近づいていける。

雲水にならずとも、そういう境地に足を踏み入れられるのです。

どんなときにも心が安定していて、不安や苦悩がないことを「安心」といいます。一般的には「あんしん」といいますが、仏教の世界では「あんじん」と読みます。仏さまの教えにより安心が得られる、安心を得るために修行に励むのです。

不安や心配事などは自分の心がつくりだしているに過ぎないということ（一切唯心造）を知り、自分の中の「仏性《ぶっしょう》」を見出します。

仏性とは、仏さまと同じ貴い性質のことで、人は誰でもそういう輝きを秘めています。煩悩が大きければ、本人も周囲もそれに気がつけなくなりますが、自分にも他の人にも仏性はあるのだとまず知ることです。

「泥多仏大（どろおおければ、ほとけだいなり）」という禅語があります。

材料になる泥が多いほど、大きな仏像をつくれるという意味です。

煩悩《ぼんのう》が大きいほど、学べることは大きくなります。幾重にもまとわりついている煩悩を捨てていけば、やがて仏性が見えてきます。

道のりは長くても、自分の中の仏性に気がつけば、いま生きていることが、よりありがたく感じられ、安心を得られます。

多くの人は何かしらの執着を持っています。

執着とは何かにとらわれていることです。ひとつのことが引っかかり、そこから心を切り離せられなくなっていれば、悩みや苦しみの原因になります。

禅僧は、修行を重ねることで、執着心を捨て去り、心を解き放とうとしています。前章では、坐禅を組んでいるときに雑念が浮かんできても、消えていくままに任せればいいと書きました。それが執着しない、ということです。

物欲、所有欲なども執着です。

いいものが欲しい、人に自慢したいなどという気持ちがあると、それにとらわれてしまいます。多かれ少なかれ、誰にも物欲はあるものですが、それに縛られている不自由さを知れば、手放すことができます。

執着は持たず、心は軽やかであるべきです。

『般若心経』に学ぶ「空」と「色」

無心になることがいかに大切かを教えてくれるのが『般若心経《はんにゃしんぎょう》』です。

正式には『摩訶《まか》般若波羅蜜多《はらみた》心経』といいます。わずか二六二文字のなかに大乗仏教の真髄が説かれており、お釈迦様の智慧《ちえ》を学べます。そのため、宗派を問わずに読誦《どくしょう》される大事な経典になっています。

般若心経の核心となるのが「空《くう》」の思想です。

般若心経の中にはこうあります。

色不異空《しきふいくう》　空不異色《くうふいしき》（色は空に異ならず、空は色に異ならず）
色即是空《しきそくぜくう》　空即是色《くうそくぜしき》（色は即ちこれ空なり、空は即ちこれ色なり）

「空」と「色」とは対《つい》を成します。

「色」とは、人の体や物体など、目に見えるもののこと。

「空」とは、実体がないもののこと。

目に見える「色」も、じつは実体がない「空」です。世が無常であるように常に移り変わっているため、さまざまなものと関わり合って存在しています。

実体がない「空」もまた、移り変わり、他と関わり合うことによって、「色」となって現れます。

因（原因）と縁によって結果が生じ、因と縁の関わりがなければ、「色」は存在し得ない。それが「因縁の法」です。

存在するとはどういうことかという根本原理がわずかな言葉で示されています。

般若心経はこう続きます。

受想行識《じゅそうぎょうしき》　亦復如是《やくぶにょぜ》
舎利子《しゃりし》　是諸法空相《ぜしょほうくうそう》
不生不滅《ふしょうふめつ》　不垢不浄《ふくふじょう》　不増不減《ふぞうふげん》
是故空中無色《ぜこくうちゅうむしき》　無受想行識《むじゅそうぎょうしき》

私なりに意訳をさせてもらえば、およそ次のようになります。

感じること＝「受」、思うこと＝「想」、行うこと＝「行」、わかること＝「識」もまたうつろい、変化する。実体のない空である。

すべてはうつろい、お互いに関係しながら存在している。

生じることもなければ滅することもない。汚い、きれいということもない。増えもしなければ減りもしない。

空という真理に照らしてみれば、人の体や物体といった存在にも実体がないのがわかる。感じたり、考えたり、行ったり、認識するといったことにも実体がない――。

この教えが理解できれば、あらゆる執着はなくなるはずです。世間的な価値観に縛られず、無に寄り添いながら超然とした生き方ができていきます。

「無心」になることで悟りも得られる

般若心経は、さらにこのように続きます。

無《む》眼《げん》耳《に》鼻《び》舌《ぜっ》身《しん》意《い》
無《む》色《しき》声《しょう》 香《こう》味《み》触《そく》法《ほう》
無《む》眼《げん》界《かい》 乃《ない》至《し》無《む》意《い》識《しき》界《かい》
無《む》無《む》明《みょう》 亦《やく》無《む》無《む》明《みょう》尽《じん》
乃《ない》至《し》無《む》老《ろう》死《し》 亦《やく》無《む》老《ろう》死《し》尽《じん》
無《む》苦《く》集《しゅう》 滅《めつ》道《どう》 無《む》智《ち》亦《やく》無《む》得《とく》
以《い》無《む》所《しょ》得《とく》故《こ》

目で見て、耳で聞き、鼻で嗅《か》ぎ、舌で味わい、身で触れる五感。それによって生じる心の作用である意識を超えて、あるがままにとらえていかなければならない。それが対象と一体になるということ。

目が感じとるのが色、耳が感じとるのが音、鼻が感じとるのが香り、舌が感じとるのが味、身が感じとるのが感触。法が感じとるのが人の意識であり、これも超えていかなければならない。

すべては超えるべきものであり、超然と生きるのが悟りの境地である。

この世のことはすべて真理にもとづいて動いているのだから、その真理を理解できない「無明」というものはない。それを理解できない心の状態も永遠になくならない。老いて死にゆく苦しみにとらわれていてはいけない。老いて死にゆくことがない世界はないのだから、それを求めてはいけない。

お釈迦様が説かれた「四諦《したい》」の真理も超えて、前に進みなさい。得ておかなければならない智慧や御利益などはない。

人は、自分が手に入れたものは自分のものだと思っているが、死ぬときには何ひとつ持っては行けない。すべては預かりものである――。

「四諦」とは、この世の一切は苦であり＝苦諦《くたい》、その原因は煩悩にあり＝集諦《じったい》、欲望を断ずれば解脱《げだつ》もできる＝滅諦《めったい》、悟りに至るには八正道《はっしょうどう》によるべきだ＝道諦《どうたい》とする仏教の根本教理です。

心無罣礙《しんむけいげ》　無罣礙故《むけいげこ》　無有恐怖《むうくふ》
遠離一切《おんりいっさい》　顛倒夢想《てんどうむそう》　究竟涅槃《くうぎょうねはん》

心をさえぎり、妨げるものがなくなれば恐怖もなくなる。誤ったものの見方やありもしないことを想像することによる迷いから遠く離れ、悟りを究め尽くすのです――。

難しく考える必要はありません。

「空」と「色」との関わりに見られる因縁の法を知り、執着や妄想を手放し、無心になれば、悟りも得られる、ということです。

「いま」を生きるということ

このあとには「三世諸仏《さんぜしょうぶつ》　依般若波羅蜜多故《えはんにゃはらみったこ》　得阿耨多羅三藐三菩提《とくあのくたらさんみゃくさんぼだい》」と続きます。三世諸仏は、般若波羅蜜多によって無上の悟りを得たということです。

「三世」とは過去、現在、未来。あるいは前世、現世、来世のことです。

多くの人は、過去（前世）に思いを寄せながら、未来（来世）に希望をつなぎ、現在（現世）を生きています。

過去は忘れられず、未来に不安を感じながらも、いまがつらければなんとかなってほしいと状況の好転を信じます。それが自然な心理といえるのかもしれません。しかし、禅の世界においては、過去や未来は存在せず、あるのは「現在」だけだとみなします。

それについては前章でも触れたとおりです。過去や未来を否定するわけではなく、そこに意識を向けないようにするわけです。

問われるのは、「いま」という一瞬をいかに生きるか、ということだけです。

「而今《にこん》」という禅語があります。

現在という一瞬は二度と帰ってこない、ということをあらわした言葉です。

道元禅師が書かれた『正法眼蔵』の中にも「我をして過去未来現在を意識せしめるのは、いく千万なりとも今時なり、而今なり」と記されています。

私たちは過ぎ去った時間に心を寄せがちです。過去の失敗を悔やんだり、過去の栄光にばかりしがみつこうとしますが、すべて終わったことです。いつまでもそこにとらわれていては前には進めません。体は現在を生きていても、心を過去に置いてきているのだとすれば、心と体がバラバラになっています。

これからどうなるかもわからない未来のことを心配するのは無意味です。未来には実体がありません。まだ起きていないこと、そしておそらくはその後にも起きないことにくよくよするのは、妄想の中で喘《あえ》いでいるのと同じです。

人生の真実は「いまこの時」にしかないのです。

時間は刻一刻と過ぎていきます。

昨日起きたことはすでに過去なのはもちろん、五分前に起きたことも過去です。

さらにいえば、呼吸をしていて、息を吐き息を吸ったなら、吐いた息はすでに過去のものになっています。それくらい時間は足早に過ぎていき、私たちの目の前には、次々に「新しい現在」が現れます。

その「いま」に真剣に向き合い、その時間その時間をしっかりと生き切るようにしなければならないのです。

それができていたならどうでしょうか。

過去を振り返ったり、未来を危ぶんでいたりはできないはずです。

いまという一瞬に全力を尽くせる人のあとには道ができていくのに、いまをないがしろにしている人のあとには道ができるはずはありません。意識の違いによって、それくらい大きな違いになっていきます。

いまを懸命に生きることは、時間を無駄にしないこと、命を大切にすることにもつながります。

いまは連なっています。

その一瞬一瞬をしっかりと生き切るようにしていれば、おのずと生は充実します。

死がいつ訪れるかわからないからこそ、いま生きていることに感謝して、一瞬一瞬をなおざりにしてはならないのです。

死を身近に感じる時代だからこそ、こうした心構えを大切にしてください。

日常の中にこそ道がある

「平常心是道《びょうじょうしんこれどう》」という禅語があります。

唐代の高僧たちによる禅問答から取られた言葉です。「道とはどんなものですか」と尋ねられた南泉《なんせん》は「平常心是道」と答えました。南泉はこのことを、師である馬祖《ばそ》禅師から学んだのだと考えられます。

馬祖禅師は「仏道とは修行して手に入れるものではない。平常心でいることが仏道である」という考えを持っていたのです。

要するに、日常の当たり前の心の中にこそ道がある、ということです。

もちろん、ただ漠然と毎日を過ごしていればいいわけではありません。常に「いま」という一瞬と真剣に向き合い、どうして、いまを生きていられるかを考え、感謝するべきです。

人は、日常にはない特別なところに幸福や喜びを求めがちですが、幸福や喜びは日常の中にこそあるものです。

自分で育てるべき幸福の種は、日常の中にたくさん落ちています。それを踏みつぶさずに見つけて育て、感謝する。その繰り返しが大切です。

幸福や喜びだけではなく真実もそうです。日常生活の中にこそ真実はあります。特別な教えや方法論などを求めるのではなく、そうしたことを理解して日々生きていくようにします。

茶人の千利休《せんのりきゅう》も「茶の湯とはただ湯を沸かし、茶を点てて呑むばかりなることと知るべし」という言葉を残しています。

茶の湯を究《きわ》めていくには、特別な道があるわけではなく早道があるわけでもないということでしょう。特別に力まず、いまやるべきことを当たり前にやればいいのです。

当たり前にやるということは、軽んじることとはまったく違います。当たり前のことに命を込めて、ひたすら真剣に取り組むべきなのです。

何か事に当たる際には、目標があったり、それをすれば何かが得られるという考えがあったりする場合が多いのではないかと思います。そうした考えにはとらわれず、目の前の一事に集中する。それが無心で臨むということです。

「ケの日」を過ごせる幸せ

「ハレとケ」という言葉を聞いたことがあると思います。

民俗学者の柳田國男《やなぎたくにお》が日本人の生活を分析する際に定義したものだとされており、

日本人の生活感覚（世界観）を分類するのに使われます。

ハレ（晴れ）は、特別な日、非日常です。

ケ（褻）をケガレと混同している人もいるかもしれませんが、ケガレとは違います。ケは、特別なことがない日々、つまり日常です。

ハレの日は刺激的でワクワクするものなので、そういう日を待ち望む人は多いと思います。一般的に神祭や通過儀礼などがハレの行事とされるので、お祭りなどもそうだとみなされますが、個人で考えるなら成人式や結婚式などに限られます。一年に何日かあるというものではなく、一生のうちに数日しかありません。だからこその非日常です。

それ以外はケの日、すなわち日常です。

日常においては同じことが繰り返されるのが当たり前です。禅僧が日々、同じことを行っているように、特別なことはない淡々とした日常を過ごします。

刺激が欲しい、もっと違った生き方があるのではないか、といった考えが頭に浮かぶ人もいるかもしれません。しかし、変わらない日常、淡々とした日常をいかに一生懸命に生きるかが大切なのです。

「安閑無事《あんかんぶじ》」という禅語があります。

安らかで静かな状態がいかにすばらしいかを示しています。人はどうしても特別な日、ハレの日を望みがちですが、何も変わることがないおだやかなケの日を過ごせていることに感謝すべきです。

ケの日を送っていられることの幸せに気がつくと、人生をつまらないと感じることなどはなくなります。毎日を晴れやかに過ごせるようになるのです。

あれこれ考えるより、まず動く

考えすぎないことも大切です。

まず動く。

それによって何かが始まり、何かが変わります。

曹洞宗大本山總持寺の貫首をつとめられ、二〇二〇年七月に九十三歳でご遷化《せんげ》された板橋興宗《いたばしこうしゅう》禅師は次のようにおっしゃっていました。

「これはやったほうがいいかな、やらないほうがいいかな、などと考えているから動けなくなるんです。頭に持ち上げるな。動いてしまえば、なんのことはない」

あれこれ考えるより先にまずやってみればいい。そうすれば悩む意味などはなかったのがわかる、ということです。

禅の世界では「禅即行動」が基本の姿勢とされます。

まず行動に踏み出します。

やってみれば、自分には何ができて何ができないかが明確になります。できないことがわかれば、克服するにはどうすればいいかと対策を練ればいいのです。

始めるにあたっては、理屈を考えるべきではありません。

禅僧は、坐禅、読経、作務と、日々、同じことを繰り返します。そのため、面倒だな、などと考えるより先に体が動くようになります。

最初はつらく、「これはとても続けられない」と不安になりやすいものです。それでも、とにかく考えずに体を動かしていれば、やがてつらいとは感じなくなります。

坐禅でもそうです。

修行を始めたばかりの頃は足が痛いと感じやすいものですが、そのうちそういうこともなくなります。坐禅が多少サマになるまでの目安はおよそ百日程度と言われています。そういう目安があることも意識せず、続けていればいいのです。

坐禅や読経、作務といったことに限らず、何かの習慣をつけたいと考えた場合は、あれこれ考えるより、まずやってみることです。

人が習慣をつくり、習慣が人をつくる

イギリスの詩人（劇作家、評論家）、ジョン・ドライデンは次の言葉を残しています。

「はじめは人が習慣をつくり、それから習慣が人をつくる」

意思をもって取り組み、行動しなければ習慣にはならない。いったん習慣になってしまえば、その習慣が人をつくるという至言です。

こうすればいいのではないかと思いついたなら、あれこれ考えすぎず、心に従って一歩を踏み出してみる。そのことの大切さを教えてくれています。

禅の世界には「即今」「当処」「自己」という言葉があります。

即今は「いま」、当処は「ここで」、自己は「私が」ということです。

やる必要があることでも、なかなか思い切れず、後回しにしがちな人は多いはずです。

しかし、いずれやらなければならないことなら、先にやってしまえば心は軽やかになります。即今《そっこん》（いま）、当処（その場で）、自己（自分が主体となり）で、それをやる。

常にまず動く心がけをもっていれば、悩みなどもなくなり、自信が生まれ、成果につながります。

所作は心を映しだす鏡

仏教には「三業《さんごう》」を整えよ、という教えがあります。

身を整える「身業《しんごう》」、口を整える「口業《くごう》」、意を整える「意業《いごう》」で三業です。

身を整えるというのは所作を正しくすること。口を整えるとは、愛情のある親切な言葉を相手に合わせて使うこと。意を整えるとは、偏見や先入観を排した柔軟な心を持つことです。

所作、立ち居ふるまいは、心を映しだす鏡といえます。

背中を丸めてうつむきながらトボトボと歩いている人と、顔をあげて姿勢正しく軽やかに歩いている人がいれば、その姿を見たときの印象がまったく違うはずです。それがそのまま、その人に対する印象になります。

周りの人たちをどのように見て、どう接しているか。日々の仕事や家事をどういうものだと考えているか。いまという時間や人生とどのように向き合っているか。

そうしたことが所作には如実にあらわれます。

だらだらと作業していればやる気があるとはとても思えず、きびきび動いていれば、やる気が感じられ、見ている人を気分良くしてくれます。

禅寺では、歩き方、洗面や食事、入浴やトイレなど、すべてに細かい手順が定められています。修行を始めた雲水はまず、それまでの生活のいっさいを改めることになります。最初のうちは、どうしてこんなに決まりごとが多いのかと困惑もします。それでも気がつけば、決められた所作が身についていきます。

そうなると、本人にとっても、それが自然な動きとなり、見ている人にも気品を感じさせるようになっていきます。

所作が美しく、ひとつひとつの動きに心がこもっていれば、人との良い縁がもたらされやすくなります。人生を変えるような出会いもあるかもしれません。

すべての事柄には原因があり、縁が生じて整い、結果が生まれる。それが因縁です。

立ち居ふるまいが心を映しだす鏡になっているということは、人に教わらずとも、誰でもなんとなく気がついているものです。所作が美しい人を見れば、素敵だなと思うだけでなく、その人に惹かれるのはそのためです。

私はこれまでに出会うことができた高僧は皆さん、所作が美しく、それだけでも徳の高さが感じられたものです。

良き出会いを求め、良き人生にしたいと考えるなら、所作を整えることから始めてみるのもいいのではないでしょうか。

曹洞宗には「威儀即仏法《いぎそくぶっぽう》　作法是宗旨《さほうこれしゅうし》」という言葉があります。行住坐臥《ぎょうじゅうざが》と呼ばれる立ち居ふるまいのすべてについて、威儀にあふれた身のこなしをすることが仏法であり、教えだという意味です。

そのため所作を整えようとすれば、それがそのまま修行になります。

立ち居ふるまいが整えば心も整い、立ち居ふるまいが乱れると心も乱れます。

いたずらに波風を立てない静かな心でいるためにも、ぜひ自分の所作を見直してみてください。

人はいつ悟れるのか？

悟りの境地がどんなものかと質問されることがあります。

しかし禅では、一生が修行です。

大いなる悟りを開くことを「大悟《だいご》」といいますが、悟ったということに滞らず、悟り切ることを「大悟徹底」といいます。いま悟った、それで修行は終わりだ、ということにはならないわけです。

師に大悟したとみなされて印可状をいただけることになりながら、それを辞退する僧もいます。かの一休禅師もそうでした。そうしたことを考えてみても、悟りの境地を言葉にするのは難しいといえます。

私なりの感覚でいえば、宇宙の真理を知るというだけでなく、いっさいの執着心を手放すなどして、澄み渡った心になることではないかという気がしています。私自身はまだそこまで達していません。

大悟したかどうかは簡単に判断できるものではありませんが、大悟した人は、相手が大悟しているかどうかを見ればわかるともいいます。その境地に届いているかどうかは、立ち居ふるまいすべてにあらわれるということなのでしょう。

私が知る大悟した禅僧は、「もしお釈迦様が目の前に現れたなら、ああ、あなたがお釈迦様ですか、と迎えられる」と話されていました。大悟するというのは、お釈迦様と同じ経験をすることにも等しいわけです。

どのようなタイミングでどのように大悟するかは人それぞれのようです。ひとつ想像できるのは、突然、ズドンとくるのではないかということです。

師から出される公案を解くことによって大悟したとみなされる場合もあります。

「香厳撃竹《きょうげんげきちく》」という逸話があります。

唐代の禅僧、香厳は、師から公案を出されましたが、十八年間、考え続けても、答えを見つけることができませんでした。そこで香厳は書物のすべてを焼いて師のもとを去り、かねてから尊敬していた慧忠国師の墓の傍に小さな草庵を結びました。投げやりになったわけではなく、慧忠《えちゅう》国師の墓守を務めようと考えたのです。

それからは毎朝、丁寧にお墓の掃除をしていました。

ある日、掃除をしていて箒《ほうき》がはねとばした小石が竹に当たり、カンと音を立てました。その音を聞いたとき、ハッと公案の答えに思い当たり、悟りを開いたというのです。

その音を聞いたことで答えを出せたといっても、あくまできっかけに過ぎなかったと考えるべきなのでしょう。それまで長く修行して、公案について考え続け、心を込めて墓掃除をやってきたことが結実したのです。

「小さな悟り」は誰でも得られる

　どんなことであっても、結果を求める気持ちが強ければいいというものではありません。いつどんなきっかけで成果につながるかはわからないことがこの例からは学べます。僧であれ、一般の人であれ、大悟することはなかなかできません。もしそれが簡単にできるなら、この世はお釈迦様と同じ悟りを得た人々であふれます。

　しかし、小さな悟りを積み重ねていくことは誰にでもできます。

「疲れたときには休めばいいんだな」

「未来のことには気を煩わせたりしないほうがいいんだな」

　などというように、ちょっとした真実に気がつくことが小さな悟りです。そういう悟りを得るたび、心は軽やかになります。

無心の境地を知るのも小さな悟りです。

無心を知れば、そこからまた、いろいろな気づきが得られていきます。

人生百年時代における新型コロナウイルス

「人生百年時代」といわれるようになっていた中にあり新型コロナウイルスの感染が拡大し、「死」というものを見つめ直した人も多かったのではないかと思います。

高齢のほうがリスクが高いといわれるとはいえ、本来なら死を身近に感じることが少ない三十代、四十代といった人たちも「いつ死がおとずれるかはわからない」という現実を実感したのではないでしょうか。

個人的には、今回の新型コロナウイルスは、人間が自分たちの生き方を見直すきっかけになったのではないかと考えています。

人間は、自分たちが地球の中心的な存在であるという驕《おご》りを持ちすぎてしまっていたようにも思います。すべてを経済価値に置き換えて計算し、資源を使い尽くすのもいとわぬように開発を続けてきました。

本来、人間は、山や川や海、動物や植物、昆虫と共存してこなければならなかったのに、人間のために自然があるかのような感覚になっていました。地球の温暖化とも関係して、毎年さまざまな災害も起きています。新型コロナウイルスそのものは自然破壊と関連して生み出されたものではないかもしれませんが、これからどのように暮らしていくかを考える機会を与えられたようには感じます。

新型コロナウイルスに対する反応はさまざまでした。自分は感染しないと決めつけるようにまったく予防を考えない行動を取る人もいれば、他人の行動までを取り締まろうとする自粛警察と呼ばれる人たちも現れました。他人事のようにふるまうのも過剰反応するのも考えものですが、みんなが生活を変えていかなければ感染拡大は止まらないという共通認識はあったはずです。

「みんなが力を合わせること」、「みんなが我慢すること」が求められているなかで一人ひとりがどんなことに気がつくかが問われます。

そこでもやはり小さな悟りが得られるはずです。

人生とは、不安の海を漂っているようなものであり、事あるごとに寂しさという波が押し寄せてきます。しかし、そんな不安や寂しさがあるからこそ、人間は一歩前に進むことができるのです。

不安や寂しさはマイナスの感情であっても、どうすればそれをプラスに変えられるかを考える。それができるのが人間です。

不安や寂しさを感じたことがないような人はどこにもいません。誰もがそうした感情に揺さぶられながら生きています。正面から向き合って乗り越えようとする人もいれば、なんとか目を逸らそうとする人もいます。そうして悩むのは自然な反応なので、その事実を隠そうとする必要はありません。

どうすれば負の感情を、善きものに転じさせられるか。

そうして悩みながら無常の世の中を生きていくのが私たち人間なのです。

定命を「よく生きる」ということ

死とどのように向き合えばいいのかは、誰もが考えなければならないことです。そのために宗教が役立てられる部分はあるはずです。

仏教では、人の一生の長さは、生まれる前から定まっていると考えられており、それを「定命《じょうみょう》」といいます。

定命が長い人もいれば短い人もいます。

たとえ定命が短かったとしても、人生の意味が薄れるわけではありません。長さを問わず、与えられた命を全うできるかが問われます。

そのためにも「即今、当処、自己」が大切になります。やるべきことは後回しにはしないで、いまやるようにします。

いまを生き切る、ということを連ねていけば、充実した時間が過ごせて、命を全うできる。それが禅の基本的な考え方です。

「いい人生にしたい」とは誰もが考えるはずです。

それでは、いい人生とはどういうものなのでしょうか？

お金に困ることがなく贅沢《ぜいたく》三昧の暮らしをして、人からうらやまれることかといえば、そうではないはずです。華やかで楽しそうに見えても虚飾に過ぎず、いつまでも見栄を張り続けたいという思いが不安や猜疑心《さいぎしん》を生み出します。

そんな生活に心の平安はありません。

あるがままを受け入れて、成すべきことを無心でやっていく日々を送り続けることのほうがはるかに尊い。

それこそが「よく生きる」ということです。

生きていくうえでは思わぬ出来事に苦しんだり、人間関係に悩んだりすることもあるはずです。簡単には逃れられない苦しみに直面しても、そのなかでやれることを精一杯やっていくべきです。

よく生きられたなら、その先に不安を感じる必要はありません。あとは放っておいて、導かれるままにしておけばいいのです。

諸行無常と諸法無我

お釈迦様の教えは「諸行無常」、「諸法無我」、「涅槃寂静《じゃくじょう》」の三法印《さんぼういん》であらわされます。これに「一切皆苦《いっさいかいく》」を加えて四法印《しほういん》とすることもあります。

一切皆苦とは人生は思いどおりにならないということ。

涅槃寂静は、悟りの世界がいかに静かであるかを示した言葉であり、諸行無常、諸法無我を知らなければ、そこに達することはできません。

それでは諸行無常、諸法無我とはどういうことでしょうか。

諸行無常は、あらゆるものはうつろい、とどまりはしないということ。

諸法無我は、あらゆるものには永遠不変の実体的存在がなく、すべては関係性の中に存在しているということです。

般若心経の教えを思い浮かべてみればわかりやすいはずです。この世の存在はすべて、単独で存在して完結しているものではありません。

存在や現象は因縁によって起こるものであり、優劣はつけられません。自分と他人、人と動物や植物などすべてそうです。それぞれがかけがえのない存在です。そう考えたなら、他人と自分を比べて、どちらが立派か、どちらが裕福か、どちらが幸せかといったことを比べる意味がないのはわかるはずです。

劣等感も優越感も妄想に過ぎません。

春になると花が咲く、ということを考えてみてください。

現象としては、つぼみをふくらませて花を咲かせたという花そのもののうつろいがあります。その背後には季節のうつろいとともに春風が吹いたということがあります。それによって花が咲いたとするなら、そこには季節のうつろいと花との関わりがあります。お日様や雨、土との関わりもあるように、花は自らの力だけで咲いているわけではありません。さまざまな存在との関わりの中で花を咲かせます。

咲いた花のもとには蝶がやってきます。その蝶は花粉を運ぶ役割を果たしているともいわれているのですから、そこからまた新たな生が始まります。うつろっていきながら縁を結ぶ。それによってはじめて花が咲くことができているのです。

人も同じです。この世に命をいただいたのは、時がうつろっていくなかで、ご先祖様、両親との縁ができていてこそのことです。そのうえでさまざまな関わりがあり生きてこられているのです。

真理とともに生きていく

私たちには必ず両親がいて、両親にも両親がいます。
その両親にもまた両親がいます。
そうして脈々と続いてきたからこそ、私たちはここにいられます。
一人の系譜を十代遡れば一〇二四人のご先祖様がいることになるそうです。
二十代遡れば、その千乗になるので、百万人を超します。

三十代遡れば、百万の百万乗で、十億人を超えることになります。

誰にもそれだけのご先祖様がいるのです。もし、途中で一か所でも欠けるようなことがあれば、この世には存在できません。

いま、ここにいること。

それだけでも奇跡です。

そうした真理に気がつけたなら、いま生きていることへの感謝は大きくなるはずです。その気持ちを生きている原点に据えてください。

それこそが真理に寄り添い、真理とともに生きていくということです。

もともと宗教とは、この世の中の真理を知り、「その真理に沿った生き方をするのがいいのではないか」という教えです。

信仰の「信」は人偏に言うと書き、「仰」は仰ぐという字です。真理に気づいた人が話してくれたことを仰ぎながら生きていくのが信仰です。

新型コロナウイルスなどによって見直すべき部分、変わるべき部分はあっても、真理は変わりません。

百年前でも千年前でも、百年後でも千年後でも変わらないのが真理なのです。

「禅語」で学ぶ、禅の心、仏教の真理

禅というだけで難解というイメージを持たれるかもしれませんが、そんなことはありません。修行、坐禅、禅問答といったものに対しても身構えすぎず、親しみを感じてほしいと思います。

難しい表現になっていても、核心にあるのは非常にわかりやすいことです。それを普段の生活に落とし込めば、いまを生きる人たちはストレスを減らして、心を解き放つことができるはずです。

ここでは禅や仏教を身近に感じるための禅語を紹介します。

本来無一物

ほんらいむいちもつ

有名な禅語です。解釈は他にもありますが、一般的には言葉のまま「人は誰でも、何も持たずに生まれてくる」という意味とされます。

人間は裸で生まれてきます。

なにひとつ物を持たないだけでなく、よこしまな心や執着心なども持っていません。それにもかかわらず、手にした物や財産、地位などを手放したくないと執着するようになっていきます。それどころか、さらにいいものを求める「欲」をいだき、得たものは失いたくないという「不安」をかかえます。それが「恐怖」につながります。

そういう迷いから解放されるには、手放すことです。

かといって所有しているすべてを手放すことはありません。現代の生活において必要なものは少なからずあるでしょう。しかし、見栄で買った高価なものなどは絶対に必要だとはいえないはずです。そうしたものから手放していき、そういうものにこだわっていた自分を見つめ直してみるのがいいわけです。そうすれば、物欲や虚栄心がいかにつまらないものであるかがわかってきます。

無一物で生まれたなら、無一物で死ねばいい。

そんな考え方ができるようになると、何かを失う不安もなくなります。

「無一物無尽蔵《むいちもつむじんぞう》」という禅語もあります。

こちらも言葉のとおりで、無一物であっても無尽蔵の可能性があるということです。

もし、すべてを失い、ゼロからやり直すことになったとしても、それ以上失うものがなければ、なんでもできます。勇気にもつながる言葉です。

知足　ちそく

足るを知ること。分をわきまえて多くを求めようとはするべきではない、ということです。

お釈迦様の遺言ともいえる『遺教経《ゆいきょうぎょう》』の中には「知足の人は地上に臥《ふ》すと雖《いえど》も、なお安楽なりとす。不知足の者は、天堂に処すと雖も亦意《またこころ》に称《かな》わず。不知足の者は、富めりと雖も而《しか》も貧し」とあります。

足るを知っている人は、たとえ地べたに寝るような生活をしていても、心は安らかで幸せを感じていられるのに、足るを知らない人は天堂に住んでも満足できない。足るを知らない人はいくら裕福であっても貧しいのとかわらない——。

お釈迦さまはそのように説かれていたわけです。

豊かな暮らしが当たり前と考えがちな現代人は心に刻んでおきたい言葉です。

水急不流月
みずきゅうにしてつきをながさず

どんなに川の流れが速くても、水面に映る月までは流せないということです。

水の流れを「世間」だと考えてください。目まぐるしくさまざまなことが起これば、それぞれの出来事に一喜一憂し、時代の流れに合わせようと右往左往しがちなのが人間です。しかし、スタンダードとされるような常識や生き方は時代によっても変わっていきます。変化についていこうとするのではなく水面に映る月のようであるべきです。

自分は自分として、自分の考え、価値観で生きていけばいいのです。

惑わされない心があってこそ、どんな社会の中でもおだやかな生き方ができます。

常行一直心《つねにいちじきしんをぎょうず》

どんなときでも、まっすぐな無心で目の前の物事に打ち込むべきだという意味です。

「自分はこれで行く」と決めたなら、その一事に関しては他の追随を許さないレベルまで高めていくことを目指します。

周りで起きていることに惑わされず、自分のなすべきことだけに集中します。

そうしていれば、ゆるぎない自信が生まれ、物事に動じなくなります。

そのためには強い心が求められますが、周りに惑わされなければ余裕が生まれます。

自分の足で自分の道を歩んでいけたなら、焦ったりすることもなくなります。道の途中に花が咲いていたなら花を愛《め》でるというように自分のペースでゆとりをもって歩いていけるようになるのです。

他不是吾

たこれわれにあらず

道元禅師が宋で修行していた頃、天童山で典座（食事の係）をつとめる老僧と出会いました。その老僧は、厳しい暑さの中で、頭に笠もかぶらず杖《つえ》をつき、弓のように背中を曲げて、汗水を垂らしながら作業していました。心配になった道元禅師が年齢を聞くと、六十八歳だといいます。「どうして人を使わないのですか？」と尋ねると、「他是れ吾にあらず（他の者は自分ではない）」と答えられたというのです。

他の人間にやらせたのでは自分でしたことにはならない、自分の修行にならない、ということです。

この言葉からは大事な教訓が得られます。修行とは、誰のためでもなく自分のために、自分でやってこそ意味があるということ。自分を変えたいと思ったときに自分を変えられるのは自分だけだということです。

こうした考えになれば、日々の作業についても、向き合い方が変わります。掃除や炊事といったことを、やらなければならない義務として捉《とら》えるのではなく、「自分のためにやっている」と考えられるようになるからです。そうすると、どんな作業であっても、嫌々やるということがなくなります。気持ち良く作業に臨めるようになり、やったことのひとつひとつが身になります。

日々の家事、あるいは雑務といわれるような仕事を面倒だと思っている人は、「他是れ吾にあらず」と心の中で唱えてみてください。

不立文字、教外別伝、直指人心、見性成仏

ふりゅうもんじ、きょうげべつでん、じきしにんしん、けんしょうじょうぶつ

ひとつひとつの言葉に分けて紹介されることもありますが、この四つの言葉が禅を象徴する教えといえます。

四聖句とも呼ばれます。

禅の教えや悟りについては、文字で伝えられるものではないので、言葉にばかり頼ら

ないこと。言葉によらず伝えられるものもある。自分の本来の姿、仏性と向き合うことが大切であり、そこになりきるべきである。そういう意味の言葉です。

学ぶべき教えは多くても、最後は自分の心に向き合うしかありません。

禅の道を究めるための心得でもあります。

禅の道に限らず、教わることだけがすべてではなく、他人の価値観に振り回されていては仕方がないということをこの言葉から学べます。

歩歩是道場《ほほこれどうじょう》

日々の一歩一歩、すべてが修行であり、いまいる場所が道場になるということです。

禅寺に入って特別な修行をしなくても、日々の生活を送ることが修行になる。食べることや寝ることなども修行になり得る、ということです。

ただ日々を過ごせばいいのかといえば、そうではないのはもちろんです。

いまを生き切ると心がけて、日々の一歩一歩が修行としての意味を持つ生き方をしなければなりません。

私はこの禅語が好きです。先に挙げた四聖句とこの言葉を組み合わせて考えてみるといいのではないかと思います。

絶対の教えがある、絶対にやらなければならないと考えるのではなく、自分で自分の生き方を考え、恥じるところのない生き方をしていけたなら、それでいいのです。

第3章

おだやかな心になる作法

——「呼吸」と「坐禅」

雨の日には、雨の日の良さと意味がある

「日日是好日《にちにちこれこうにち》」という禅語があります。

亡くなる少し前の樹木希林さんが出演された映画のタイトルでもあり、知らない人はいないくらい有名な言葉になっているのではないでしょうか。

毎日、いいことがある、楽しいことがある、という意味だと考える人もいるかもしれませんが、そうではありません。

一年のうちには晴れた日もあれば雨の日もあります。いいことがあった日もあれば、悪いことが続いたと感じる日もあります。しかし、晴れた日には晴れた日の良さがあり、雨の日には雨の日の良さがあります。一日一日に優劣があるような考え方をするべきではなく、どんな日であってもかけがえのない良き日だということです。

心にダメージを受けるようなつらいことがあったとしても、将来の糧になる貴重な体

験だと考えれば、そういう日も「意味ある一日」だったと捉えられるようになります。

いいことがあったか、嫌なことがあったかと振り返るのは、それ自体、間違っているともいえます。どうしてかといえば、一日を無事終えられたなら、それだけでもありがたいことだからです。

二十四時間、呼吸をしていて、一日に何度か食事をして、夜には布団で眠る。

それができているのを当たり前だと考えている人は多いはずです。しかし本当は、それを当たり前だと感じられていること自体に感謝すべきなのです。

病気で呼吸ができなくなった人や災害で家を失った人などを身近に知ったときには、当たり前だと思っていた生活が決して当たり前のものではないのだということに誰でも気がつくものです。しかし、一度、自分にそう言い聞かせていても、すぐに忘れてしまうのが人間です。そうした気持ちをなくさないことが大切です。

周りの人と比べようとするまでもなく、常に毎日を大きな不自由なく過ごせていられたなら、それだけでも素晴らしいことです。

多少つらい出来事があったとしても、それくらいはなんでもない！

そういう考え方になれたなら、自然と毎日に感謝できます。

日常生活の中にある「当たり前と思っていたこと」が「感謝したいこと」だと思えるようになると、日々の暮らしの中で感じられることがガラリと変わってきます。

苦しい時期にも動じない

「この世は苦に満ちている」と、お釈迦様はおっしゃいました。

山あり谷ありという言い方もされますが、谷のない人生を送れることなどはまず考えられません。

谷にいるときには、山に登るために必要な準備期間だと考えればいいのです。

「つらすぎる」、「苦しい時期が長すぎる」と感じることもあるでしょう。そういうときには「いまをこらえれば、山の上に行ける」と考えればいいのです。そこから見る眺めを楽しみにして、一歩一歩、登っていくしかありません。

「八風吹不動《はっぷうふけどもどうぜず》」という禅語があります。
生きているうちにはさまざまな風が吹きます。

利《り》＝成功すること、自分の意にかなうこと。
誉《よ》＝陰でほめられること。
称《しょう》＝面と向かってほめられること、称賛されること。
楽《らく》＝楽しいこと。
衰《すい》＝失敗すること、意にかなわないこと。
毀《き》＝陰で悪口を言われること。
譏《き》＝面と向かってそしられること。
苦《く》＝苦しいこと。

これらが八風です。
利、誉、称、楽を「いい風」、衰、毀、譏、苦を「悪い風」と見ることもできますが、そう考えるのは勝手な分別です。

いい風が吹いてほしい、悪い風は吹いてほしくないと考えるのは煩悩です。

これらの八風は、いい、悪いの区別なく、すべて人の感情を動揺させる風だともみなせます。

すべての風を拒まない。

八風吹不動という言葉は、どんな風が吹こうとも動じない心を持たなければならないということを教えてくれます。

衰、毀、譏、苦の風が吹こうとも、かわそうとしないで受けとめます。

谷底にいるように感じているときも同じです。この厳しい時期を乗り越えることで自分は鍛えられる、その先に大きな喜びが待っていると考えればいいのです。

必ず春は来るので、悩みや悲しみは抱え込まない

「兀然《こつねん》無事坐、春来草自生」

兀然として無事に坐すれば、春来たらば草自ずから生ず――。

ひたすら坐禅を組んでいれば、いつかは春が来て草木が芽吹く（悟りが開ける）という意味です。

禅僧に向けた言葉といえますが、「春来草自生」の部分だけで紹介されることもあります。その場合は「邪念を持たず、厳しい冬にじっと耐えていれば、必ず得られるものはあり、春が訪れるようにいいこともある」という意味になります。

「人生、山あり谷あり」と言われるなかで、どのくらい山の上にいられて、どのくらい谷にいることになるのでしょうか？

人によって感じ方が違うとしても、いい時は長く続かず、つらい時間のほうがずっと長いと感じて、もがき苦しんでいる人は少なくないはずです。それでも、いつか春は訪れるものなので、その時を待つべきです。

悩みなどがあるときには、なんとか問題を解決したいと考える人が多いのでしょう。なんとかすることで壁を乗り越えていくのも大切ですが、そこには目を向けすぎないようにする考え方もあります。

問題の性質によっては、そうはいかないことはもちろんあります。しかし、自分ではどうにもしにくい厄介事などを直視していればそれがストレスとなり、心を痛めてしまいやすくなります。それで病気にならないためにも、「この問題は時間が解決してくれる」と考えて放っておいてもいいのです。

悲しいことがあったときもそうです。

悲しみをこらえようとはしないで、泣くだけ泣いてしまってかまいません。親しい人が亡くなったときにも、涙をこらえる必要はないのです。思いきり涙を流してしまえば、それだけでもずいぶんラクになります。

悩みや悲しみなどは抱え込みすぎないことです。

つらい時期にこそ四季のうつろいに目を向ける

春夏秋冬のうつろいを体で感じるようにすることも大切です。

つらい時期が続いて、ストレスを抱えていそうな人がいると、私はよくそのように話します。最初は意味がわからないというような顔をされますが、次のように続けるとわかってくれます。

「自然はいろいろなことを教えてくれます。生きていくうえで大切なこと、人間の力ではどうしようもできないことがあるのだとも教えてくれます。自然も人も、冬を越えてから春を迎えるものなのです」

日々の生活が厳しいと感じていると、草花のうつろいを見て四季を感じることもなくなってしまいます。

春に桜が咲くだけでなく、梅雨には紫陽花《あじさい》が咲き、夏にはひまわりなどが咲きます。秋には紅葉《もみじ》が色づき、冬には山茶花《さざんか》などが咲きます。沈丁花《じんちょうげ》の香りがしてくれば春の訪れが近いのがわかります。

日々のそうした変化を感じるゆとりまでは失いたくないものです。疲れているときこそ、自然の営みに触れるようにして、心を和ませてもらえばいいのです。

心に余裕がない人は、毎日をただ慌ただしく過ごしてしまいがちなので、そうならないためにも季節を感じるのはいいわけです。

時間に追われて、毎日、「忙しい、忙しい」と呟いているのはどうでしょうか?

忙しいという字は「心（立心偏）を亡くす」と書きます。

忙しいと心をなくしてしまうのか、心に余裕がないと忙しいと感じるのか。

若いうちなどはとくに成功や刺激を求めて、休むこともしないで全力疾走を続けがちですが、長い目で見た「良き人生」というものを考えてみるのがいいのではないでしょうか。

心を失ったようになりながら走り続けて、贅沢な暮らしができたとしても、手に入れた「モノ」をあの世に持っていくことはできません。

おだやかならぬ心でおだやかではない時間を過ごしていては、心もパンクします。そうならないようにするためにも四季を感じるくらいの余裕を持っていたいものです。

強い心よりしなやかな心を手に入れる

固定観念から解放された、しなやかな「柔軟心」が大切だということはすでに書きました。

ストレスの多い社会にあっては、強い心を求めたくもなると思います。しかし、現実的に考えたなら、それで乗り越えられることには限界があるはずです。

どんなことにも負けないようにしようと歯を食いしばって身構えていれば、どこかで心は折れてしまいます。

「柳に雪折れなし」という言葉があります。

固い木は何かあればすぐに折れてしまうのに、柳の枝は雪が積もったときにも曲がるだけで折れはしないということ。それと同じです。

強い心はどこかで折れてしまいやすいのに、しなやかな心はなかなか折れません。そういうことを考えたなら、柔軟心を持つことによって生きやすくなるともいえます。

どんな難題も受け止める、跳ね返すと考えるのではなく、受け流す。

強くなろうとするだけでなく、柔らかくなろうとすることも大切です。

頭にきかけたときには「ありがとさん」

禅門に入っているからといって、いつも心おだやかにいられるのかといえば、そんなことはありません。カチンとくることなどはやはりあります。

ご遷化された板橋興宗禅師はこう話されていました。

「頭にきそうなことがあったときには深く呼吸をして、心の中で三回、ありがとさんと唱えればいいんですよ」と。

そうすると、怒りの感情も静まり、相手の気持ちを思いやれるというのです。

実際のところ、私が知る限り、板橋禅師が感情を昂《たかぶ》らせたところは見たことがありませんでした。

板橋禅師は、人に何かを言われて、言い返したくなったようなときなどにしても、「ありがとさんと繰り返しているうちに、口にしかけた言葉は引っ込んでしまう」とも教えてくださいました。

腹が立つようなことがあれば、誰でも感情的な言葉を返してしまいがちです。それをあとから振り返って、「あれほど怒るようなことではなかった」と後悔する場合も少なくないでしょう。しかし、板橋禅師を見習い、反論しないでいたなら、そういう後悔もしないですみます。

板橋禅師は「感情を頭に持ち上げるな、ストンと腹に落としておけばいい」という言い方もされていました。心にとめておきたい言葉です。

怒りは絶対に増幅させない

人にはみんな、その人の事情というものがあります。叱られたとしたなら、その人はこちらのことを考えて叱ってくれたのかもしれません。なるほどそうだと思えたなら、それこそ感謝です。その言葉をしっかり受け止めて、自分の成長につなげるのがいいでしょう。自分のためになるとは思えない言葉だったとしても、相手がそう言ったのには、それなりの考えがあるはずです。

受け入れられない言葉であるなら、受け流せばいいだけです。怒りを増幅させたり、何かを言い返したりしても、いいことはありません。ありがとさんと心の中で呟いたあとには忘れてしまう。そうしてやり過ごすのが大人の作法です。

「山是山、水是水（やまはこれやま、みずはこれみず）」という禅語があります。山は山、水は水としてそれぞれの本分を全うしているという意味です。

山が水になることはなければ、水が山になろうとすることもありません。山が水になろうと憧れる必要もなければ、水が山になろうと憧れる必要もないのです。人も同じで、自分の本分を全うすればいいのです。

自分は正しいと思い込みすぎないことも大切です。

道元禅師のそばに長くおられた孤雲《こうん》懐《え》奘《じょう》禅師（永平寺第二世）がまとめられた『正法眼蔵随聞記』には「学人第一の用心は先ず我見を離るべし」という道元禅師の言葉が紹介されています。仏道を学ぶときにはまず我見を離れるべきだという意味です。我見を離れるというのは、自分の考えにとらわれないようになることです。

仏道を学ぶ際に限ったことではないといえます。

どんなときにでも、自分の考えに執着するのではなく、自分の立場を捨てて、相手の立場で考える姿勢が大切です。

それはそのまま「聞く耳を持つ」ことにつながり、争う姿勢を捨てられます。

仏教では、心を迷わせる煩悩として「貪《とん》・瞋《じん》・癡《ち》」を挙げています。

「貪」は、むさぼり求める貪欲さ、「瞋」は怒ることや嫌悪すること、「癡」はおろかなふるまいをすることです。

自分が貪欲だったばかりにちょっとした行き違いで腹を立て、声を荒らげれば、貪・瞋・癡のすべてを見せてしまっていることになります。

嫌な感情が湧いてきそうになっても、いかに抑えて受け流すようにするか。

怒ってもおかしくないような場面で涼しい顔ができている人を見ると、感心します。

そのようにありたいものです。

幸せはお金で買えない

幸せとはどういうことなのでしょうか？

お金に困らず物欲が満たされている生活を思い浮かべる人もいれば、贅沢などはできなくても家族で笑いながら暮らせる生活を思い浮かべる人もいることでしょう。

いまの世の中においてはお金がないよりはあったほうがいいかもしれません。しかし、そういうことにとらわれずに感じられる幸せがあったなら、そのほうが心が満たされ、おだやかな日々が過ごせます。幸せになるための条件などはありません。自分で幸せだと感じられたなら、それ以上の幸せはないはずです。

知り合いに教えてもらった話があります。夫を早くに亡くし、女手ひとつで一人息子を育てた女性のエピソードです。

贅沢などとは程遠い生活で、子どもにはほとんどお小遣いもあげられなかったといいます。そのため、母の日には子どもから肩叩き券をプレゼントされたことがあったそうです。こうしたプレゼント自体は現代でもあるはずです。ただその少年は、周りの子たちは母親にいろいろなものをプレゼントしているのを見ながらも自分にはお金がないので、悩んだ末に肩叩き券をプレゼントすることに決めたといいます。

その思いは当然、母親に伝わります。その女性は、その当時、その肩叩き券を使って子どもに肩を叩いてもらっていただけでなく、何十年ものあいだその券をずっと大切にとっていたのです。

大人になったその子はやがて大きな会社の部長になり、以前には考えられなかったような高価なプレゼントもできるようになったといいます。しかし、あるとき、母親がしまっていた肩叩き券を見つけて「こんなものをまだ持ってたの?」と聞くと、女性はこう答えました。

「だって、私の一生でいちばん嬉しかった贈り物だから」と。

この話には、幸せとはどういうものかを考えるうえでのエッセンスが詰まっています。厳しい生活の中でも幸せを感じ取ることはでき、そうした幸せこそ何ものにも代えがたいものになるのです。お金で手に入れられるものではなく、こうした幸せを大切にできるようになりたいものです。

幸せも不幸せも心がつくりだすものです。

「生への感謝」は心の平穏を生み出す

「漁夫《ぎょふ》生涯《しょうがい》竹《たけ》一竿《いっかん》」という禅語があります。

漁夫は生計を立てていくために釣り竿《ざお》が一本だけあればいいということ。生きていくために必要なものは限られるという意味です。

言葉自体は道具を指していますが、道具に限った話ではありません。

「自分には何が必要なのか？　何が大切なのか？」をあらためて考えてみてもいいのではないかと思います。

幼い子どもを亡くした男性が次のように話していたことがありました。

「仕事なんていいし、お金などはいらない。家を売ってもいいし、自分の命もいらない。だからこの子を死なせないでほしい。心の中でずっとそう祈り続けていたんです」

この人にとっては、子どもの命が一本の竿だったことになります。

「生きていること」より大切なものなどはありません。自分が生きていること。愛する存在が生きていること。それ以上に強く望まれることなどはないはずです。

だからこそ、いま生きられているなら、どれだけ苦しい状況にあっても、その事実に感謝すべきです。

生きていることへの感謝を忘れ、それが当たり前だと誤解してしまうと、不必要な欲望にとらわれます。それによって不必要な竿を何本も欲しがることになり、大切なものを見失うことにつながります。

いまが苦しいとしても、苦しいだけの人生などはないというのはこれまでにも書いてきたとおりです。

つらいことがあれば、いいこともあります。

心の底から生きていられることに感謝できているなら、余計なものを求める気持ちなどはなくなるはずです。

そういう中にこそ、心の平穏があるのです。

生き方は人それぞれ

人生というものを振り返れば、「自分は何をなしたか」と見つめ直したくなることもあるのだと思います。

自己実現、自分探しといった言葉も流行りました。

こうした言葉をどのように捉えるかには難しい面があります。何かしら特別なことをしなければならないような感覚になりやすいからですが、その部分を気にしすぎる必要はありません。

私はよくこう言います。

「いま、自分が歩いている道を信じればいいのです。いつかどこかで違う道を行くことになるかもしれませんが、そのときまでは迷いを持たなくていいのです」と。

たとえば、結婚して子供を産んだあと、働きには出ないで子育てに励んだ女性がいたとします。近年では、子供が成人したあと、そういう女性が夫に離婚を切り出すようなケースも増えてきたといいます。

どうしてかといえば、「それまで自分は家事と子育てしかしてこなかった。いまからでももっと違う何かをやってみたい」と考えるからなのでしょう。

本当にやりたいことがあるならいいかもしれませんが、家事と子育てしかしてこなかったことを悔やむ必要などはまったくありません。それはそれで、他の誰にもできない素晴らしいことだからです。

その人の友人には、企業の中で男性社員に負けずに出世して実績を残した女性がいるかもしれません。別の友人はボランティアで世界中を飛び回っていたのかもしれません。そうだとしても、それぞれの生き方の価値を比べようとする必要などはないのです。優劣をつけられるようなことではないからです。

「人に自慢できる人生ではなかった」と自分で感じているのだとしても、「胸が張れる人生だ」と考えていいのです。

人間は二度亡くなる

一生懸命に生きているなら、自分に自信をもてばいいのです。

自分がやっていること、やってきたことは信じるべきです。

仏教では、人間は二度亡くなるとされています。

一度目は命が尽きたときで、二度目は生きている人の記憶から消えたときです。

命が尽きて、この世から実体はなくなっても、定命をしっかりと生き切っていたなら必ず誰かの記憶の中で生き続けます。

もし、子育てが中心の人生になっていたのだとすれば、伴侶や子どもの心にあなたへの思いは長く残り続けるはずです。それならそれでいいのではないでしょうか。

他人をうらやみ、気になる相手に負けない人生にしたいと考えたとしても、誰の記憶にも残らない人生になってしまうかもしれません。

人と比べず、自分なりに生き切る。

そう考えながら生きていくのであれば、悔いが残るような人生にはなりません。そう信じられていたなら、迷いのない人生を気持ち良く過ごせるようになるのです。

不安や悩みは誰でもなくせる

自分を苦しめることになるのは、何かにつけて他人と比較しようとする姿勢です。無意識の癖のようなものだといってもいいかもしれません。

皆さんはどうですか？　同級生や友人、兄弟、隣人、あるいは世間の平均値。そうしたものと比べて、できるだけ「自分が上にいたい」と考える気持ちがどこかにあるのではないでしょうか。

あいつは課長なのにオレは係長だ。

あの人は年収八〇〇万円なのに自分は五〇〇万円だ。

あの子は結婚して一軒家で暮らしているけど、わたしは独身でアパート暮らしだ。

一世帯あたりの平均貯金額は一〇〇〇万円だと聞くけど、うちは三〇〇万円だ。

などというように比較して、自分の位置を確認しようとします。

人よりすぐれているのか、劣っているのか。

人より幸せなのか、不幸なのか。

そうしたことを秤《はかり》にかけて知ろうとしているわけです。

自分より上の人がいればうらやましがり、下の人がいれば心の中で笑っているのかもしれません。そうなっているとすれば、とても虚しく、見苦しいといえます。そうしたところに一喜一憂していても仕方がありません。

平均値と比較して、安心材料にしようとするのは罪がないようですが、それにしても無意味です。老後が不安であるなら、平均貯金額と比べるのではなく、貯金を増やす努力をすればいいだけだからです。

他人や平均と比べても心の安息は得られません。比較によって残るのは嫌な感情だけです。不安や悩みなどは、誰かと何かを比べようとするから生まれてくるものです。そういう発想をなくせば、最初からそんな感情をかかえずにすみます。

比べることをやめれば幸せを得られる

私の知り合いに、生まれつきの障害があるお子さんを育てているご夫婦がいます。体が弱く、知能に遅れがあり、話をすることができないお子さんです。その子は、近所の子どもたちと同じ学校ではなく、特別支援学校に入ることになりました。そのご夫婦は、他の子どもたちが元気に遊び、晴れ晴れしく入学式を迎えている姿を見ると、うらやましく感じていたといいます。

比べていたからです。

話ができない子どもと「心を通い合わせるのは難しい」とも悩んでいましたが、あるときその子が目で感情を表現しているのに気がついたといいます。嬉しそうな目をしたり悲しそうな目をしたりしていることがあるのを知ったのです。このご夫婦が他の子のことを気にしているようなときには悲しそうな目をしているのもわかりました。話はできなくてもそうして意思表示をしていたわけです。それに気がつくと、それまで他の子たちと比べようとしていたことが心底、悔やまれたそうです。そのときからこのご夫婦は、子どものことに限らず、人と何かを比べようとはしなくなったといいます。

「この子は私たちにとても大切なことを教えてくれました。この子が生まれてきてくれたことには心から感謝しています。いまの自分たちが幸せなのはこの子のおかげです」

そんなふうにも話されていました。

この家族の生活はそこから大きく変わっていきました。悩みや妬《ねた》みといった負の感情がなくなり、幸せな毎日を送れるようになったのです。

比べることがいかにつまらないことであるかがわかれば、比べるのをやめられます。それによって心は乱されなくなるのです。

見栄や物欲を捨て、心を無にする

多かれ少なかれ、物欲は誰にでもあるものです。

いいものが欲しい、もっとたくさん欲しい、という思いをふくらませて、その欲に動かされます。終わりがない物欲も、人と比べようとしているために生まれている部分が大きいといえます。

ブランドものの高額なバッグや時計が欲しくてたまらなくなり、清水の舞台から飛び降りるくらい思いきって買ったとしましょう。夢がかなったような喜びがあったとしても、その感動は長続きはしません。時間の経過とともに、そのバッグや時計を所持できている喜びは小さくなっていき、やがてまた違うものが欲しくなります。

思いきって買ったバッグや時計が欲しくなったのは、それだけ商品に惚れ込んでいたからだとは言い切れないはずです。物欲の裏には見栄がある場合が多く、その見栄を生み出しているのもまた、人と比べようとする気持ちです。

あの人よりいいものを持ちたい。これを持っていることで、みんなに自慢したい。そんな気持ちがどこかにあるはずです。まったく人に見せる機会がないのであれば、いいものが欲しいという気持ちはずいぶんなくなるのではないかと予想されます。

いいものを買って、人にうらやまれたい。そのため、周囲の反応が薄くなってくれば、また新しいものが欲しくなる。そうして見栄に動かされていたのでは終わりがありません。次から次へと新しいものを買い続けなければならなくなり、お金にも困ります。

そんなことにとらわれ、生活に不自由して、他のやりたいことなどができなくなっているとすれば、あまりにも寂しい人生です。そうならないためにも、人と比べようとはしないこと。自分は自分であればいいのです。

見栄などというものは、とにかく手放してしまうべきです。

唐代には無業《むごう》という禅師がいて、誰に何を聞かれても「莫妄想《まくもうぞう》」と答えていました。文字どおり「妄想すること莫《なか》れ！」という意味です。

妄想は心理学用語としても使われますが、もともとは仏教語で「正しくない想念」という意味です。実際にはありもしないこと、考えても埒《らち》があかないことをくよくよ考えているなら、それは妄想です。

「いいか悪いか」、「成功するか失敗するか」、「幸か不幸か」というように物事を二元化して思い悩むな、というのが無業禅師の教えです。

そういう妄想は、人と比べようとするから生まれてしまうのです。

人と比べない。

心を無にして、いまやるべき目の前のことに集中する。

そういうふうにできれば、心の負担はなくなります。

比べるのをやめれば、心の重荷をおろせる

うちのお寺のお檀家さんには、娘さんが小学校のときに使っていたというお古のバッグを大事に使っているご婦人がいます。何十個ものブランドもののバッグを部屋に並べ

ている人よりも、はるかにすばらしいと私は思います。

「娘からは恥ずかしいからやめてと言われるんですが、まだまだ使えるので捨てるのはもったいないですからね」

そう言って笑うすがすがしい顔を見ていると、「美しい生き方をしている人だな」と思えてきます。この女性は、もともと他人と比べようとしたり見栄を張ろうとすることがないのでしょう。だからこそ、つまらない虚勢を張ろうとはしないで、清々《すがすが》しい生き方ができています。

何かと周りと比べようとしたり、見栄や物欲に動かされている人は、それをやめてください。それだけで心の重荷をおろすことができます。

好敵手といえるような相手と切磋琢磨《せっさたくま》しながら互いに成長していくのはいいとしても、どちらがいいものを持っているかと比べることでは、何の成長も望めません。勝ち負けにこだわっているうちは、狭い視野しか持てなくなります。

出世で手に入れる肩書は「数年だけの名札」

会社で働いている人にとっては出世が大きな目的になっている場合が多いものです。出世をすれば給料も高くなるので生活に余裕が生まれ、羨望《せんぼう》の目で見られやすくなります。会社に貢献できているか、自分が成功者といえるか、といった部分における指標にもなります。出世したいと考える気持ちはわからなくはありませんが、「出世にこだわっていても仕方がない」という感覚は持っていてほしいと思います。

会社に勤めるのはせいぜい四十年くらいです。管理職として活躍できるようになったとしても、会社のトップでいられるのは数年から十数年くらいでしょう。人生百年と考えたなら、わずかな期間です。

会社を辞めたあと、「それまでの肩書なんかはいっさい関係なくなった」と嘆く人は多いものです。それまで常に自分の顔色を窺《うかが》っていた得意先の社員が態度を一変させた、などというのもよく聞く話です。肩書などは「数年だけの名札」に過ぎない現実がわかります。いったん会社を離れたなら「ただの人」になるわけです。

その後の人生に価値がないのではなく、ただの人になったあと、どのように生きていくかという部分にこそ人生がかかってきます。

いよいよ人生の幕を下ろすとなったとき、「やりたいことをやって、いい人生だったな」と満足できるか、「出世に血道をあげて、家族との時間もろくにつくれず、何のために生きてきたかもわからない人生になってしまった」と後悔するか……。

数年だけの名札にこだわるのは、ブランドもののバッグを欲しがるのと変わらない部分もあります。「それは違う！」と反論する人がいるのもわかりますが、他人から見れば大きくは変わりません。仕事に打ち込むのは素晴らしいことだとはいえ、肩書などにはこだわらず、人生というものを考えるべきです。

何のとらわれもない心を「融通無碍《ゆうずうむげ》」といいます。『華厳経《けごんきょう》』に由来している言葉です。

融通とは、すべて融け合い、通じ合い、助け合っている、ということです。

競い合うことだけを考えるより、誰もが自分なりの色や役割を持っていると考えるべきです。輝いて見える人がいるなら、妬むのではなく、すばらしいなと受け止めて、ほめればいいのです。

他人は他人、自分は自分です。

身心がリラックスする「丹田呼吸」

迷いが生じたときや怒りの感情が湧いてきたときなどには、ゆっくりと深呼吸をするのもいいでしょう。ここまで書いてきたように「考え方を変えること」も大切ですが、こうしたテクニックも実践してほしいところです。

深呼吸なんて当たり前すぎると思われるかもしれませんが、いい深呼吸ができれば、それだけでもずいぶんリラックスして、心が落ち着きます。

深呼吸の際には「丹田《たんでん》呼吸」をするようにしてください。

丹田（下丹田／臍下《さいか》丹田）は、身心の精気の集まる場所で、へそ下二寸五分にあるという言い方がされます。センチでいうなら、へそ下七・五センチあたりといえます。そこから、背骨に向かって体の内側に入っていくところに丹田があります。この丹田を意識した深く長い腹式呼吸が丹田呼吸です。

丹田呼吸というと、武道や民間療法のイメージが持たれやすいかもしれませんが、古めかしいやり方だと考えているなら誤解です。現代でも医療現場からスポーツ界まで、あらゆる分野で活用されています。丹田呼吸を行えば身心がリラックスするうえリフレッシュします。

ポイントを挙げるなら、息を吸う前にまず吐き切ることです。

ゆっくりと長く、ストレスのすべてを外に出すつもりで息を吐きます。実践的なコツとしては、口をつぼめて息を吐くようにすること。そうするとやりやすいはずです。

息を吐き切ったら、自然に空気が入ってくるのに任せておきます。ただし、息を吸うときは口からではなく鼻からにします。いわゆる鼻呼吸です。

神経が昂っているときにやってみれば心が落ち着くのが実感できるはずです。

呼吸が整えば心も整い、簡単には波風が立たない不動心が生まれます。

呼吸が身心に与える影響の大きさは、さまざまな形で証明されています。息をゆっくり吐きだすことを意識した深呼吸を行えば、交感神経のうち副交感神経が優位になり、リラックスできます。

呼吸が整えば、血流が良くなり、呼吸が乱れると血流が悪化するというエビデンスもあります。血流が良くなれば、内臓の働きも良くなり、脳も活性化します。

落ち着いた深い呼吸によって精神を安定させるセロトニンが増えることもわかってきています。そのためセロトニン呼吸法というものが考えられるようにもなりました。そのセロトニン呼吸法にしても、基本は丹田呼吸と変わらないようです。坐禅の基本も丹田呼吸ですが、それくらい丹田呼吸は心を整えてくれます。

「正しい姿勢」とは?

前章では、立ち居ふるまいが整えば心も整い、立ち居ふるまいが乱れたときには心も乱れると書きました。

立ち居ふるまいの基本は姿勢にあります。

姿勢を整えることで呼吸が整い、呼吸が整えば、心が整うことを「調身、調息、調心」といいます。

このことからわかるように、まず姿勢を整える意識を強くするのが第一歩です。姿勢が悪ければ丹田で深く呼吸することができないので心を整えられません。

逆にいえば、美しく姿勢が整っている人は、呼吸も心も整っているといえます。

調身、調息、調心はセットになっているのです。

とにかくまずは背筋を伸ばすことを習慣づけてください。

ポイントは、立ったときに頭のてっぺんから尾てい骨、くるぶしまでが一直線になるようにすることです。

胸を張るようにして、いい姿勢に見せようとする人もいますが、そうすると反り腰になってしまいます。反り腰は、ぽっこりおなかや腰痛の原因になります。

正しい姿勢を取れば、背骨は完全な直線になるのではなく、ゆるやかなS字を描きます。そのカーブが急になると反り腰です。ぽっこりおなかの原因になることでもわかるようにおなかが突き出た状態です。

壁に背中とかかとをつけてまっすぐ立ってみたとき、腰と壁のあいだにこぶしが入るほどの隙間ができれば反り腰です。

猫背にも反り腰にもならないようにまっすぐ立ってこそ、いい姿勢です。

「骨盤を立てる感覚」でいるのがいいでしょう。

あごは上げずに引く。胸は突き出すのではなく開くような感覚です。

正しい姿勢で丹田を意識して深く呼吸すれば、自然に呼吸は丹田に落ちていきます。

無心になるのも、呼吸と一体と考えるべきです。

丹田で深く長い呼吸をすれば無心になりやすいのに対して、それができていないと無心にはなれません。

「坐禅」は無心になるための最高のトレーニング

坐禅についてもまとめておきます。

雲水の修行においても坐禅が大きな意味をもちますが、坐禅だけしていればいいわけではないのはもちろんです。掃除などの作務や日常的な立ち居ふるまいまで、すべてが修行です。そのうえで坐禅を組みます。

禅僧を目指しているわけではない皆さんも、日々の仕事や日常的なちょっとしたことまで分け隔てなく気を抜かずに向き合ったうえで、坐禅を組むのがいいかと思います。そういう日々を過ごすことによって、心にまとわりついている雑念がはらわれ、静かでおだやかな気持ちになっていけます。

坐禅をする場所＝「単《たん》」に向かってお辞儀をすることから始めるのが作法です（複数の人と坐禅をする場合はその人たちにも挨拶します）。これを隣位問訊《りんいもんじん》といいます。

それから右回りで向きを変えて、前方にもお辞儀をします。これを対坐問訊《たいざもんじん》といいます。

坐蒲《ざふ》（座布団）の上には、尾てい骨が坐蒲の中心よりやや手前にあたるようにしながら坐ります。

足は、図のように「結跏趺坐《けっかふざ》」を組みます。右足を左足の付け根に触れるくらい深く載せてから、左足を右の太ももの上に載せる形になります。

こうした足の組み方ができない人は「半跏趺坐《はんかふざ》」にします。右足を左足の付け根の下にいれ、左足を右の太ももの上に載せます。

どちらの場合にも、両ひざとお尻の三点でバランスをとって上半身を支えます。

背筋はまっすぐ伸ばして、あごを引きます。姿勢を正すときと同じように、頭のてっぺんから尾てい骨まで一直線になるように意識します。

両肩の力を抜いて、腰を立てます。体は一直線になっているかどうかというだけでなく、前後や左右にも傾かないようにします。

手は「法界定印《ほっかいじょういん》」を結びます。法界定印は、お釈迦様が坐禅をされている際の禅定

結跏趺坐《けっかふざ》

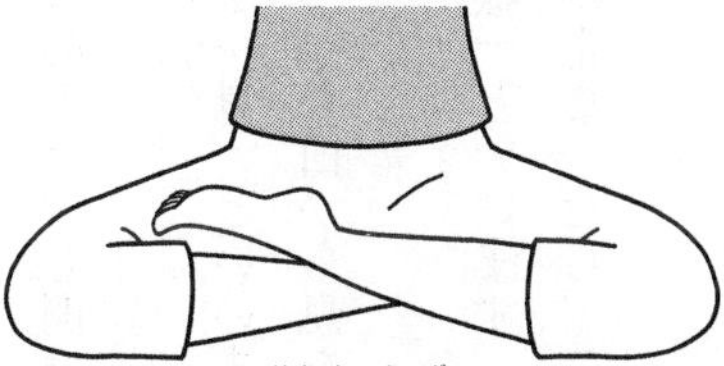

半跏趺坐《はんかふざ》

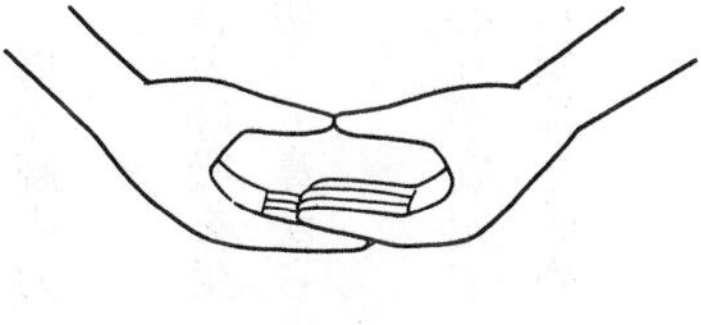

印です。右手の甲を組んでいる左足のかかとの上あたりに置き、その上に左手を載せます。どちらの手も上向きにしておき、親指と親指が軽く触れ合うようにします。両手を使って卵型の空間をつくる形です。

組み合わせた手はおへその下あたりに置いて、わきの下は少し開けます。肩や腕の力は抜きます。

姿勢が整ったら静かに深呼吸します。これを「欠気一息《かんきいっそく》」といいます。体と呼吸を坐禅に臨むために整えることを目的にしています。しっかり口から息を吐き切って鼻から息を吸う深呼吸を一回、もしくは数回行います。

その後、体を左右に揺らします。これを「左右揺振《さゆうようしん》」といいます。坐り心地が安定する位置を探すために行うことなので、体の中心位置が定まったら、ここから坐禅を始めることになります。

こうした流れは作法のようなものです。家庭で行う場合は、厳密に流れに従わなくてもいいかとは思います。

結跏趺坐を組んで坐ったあと、姿勢を正して左右揺振を行い、法界定印を結ぶことでも準備は整えられます。

坐禅の際には、目を閉じているのではなく、かすかに開ける「半眼」にします。眠気に誘われないようにするためでもあります。視線は一メートルほど先の畳を見るように四五度の角度で落としておきます。

唇は閉じますが、舌先を上の歯の付け根に当たるようにして、口の中に空気がこもらないようにします。そして静かに丹田呼吸を行います。

調身、調息、調心。

それが坐禅の基本であり極意です。

坐禅は本来、一本のお線香が燃え尽きる時間である「一炷《いっしゅ》」、およそ四十分で行います。慣れないうちの一炷はかなり長いので、十分くらいから始めて、慣れていけばいいでしょう。

坐禅をしているあいだに雑念が湧いてきたなら、そのこと自体は認めて、その雑念を手放すようにするのが坐禅の基本です。

初心者の方は「数息観《すうそくかん》」と呼ばれるやり方を試してみてもいいかもしれません。一から十まで数えて、また戻りながら数えていくことで、雑念を浮かべず呼吸に集中する方法です。ひと息を吐きながら、頭の中で「ひとー」と数え、息を吸うときに「つ」と数えます。「ふたー」「つ」「みー」「つ」……と続けていきます。そうしていれば、他のことは頭に浮かびにくくなるので、慣れないうちはこうしたやり方も有効です。

無心になるというのは易しいことではないからこそ、こうした方法論も考えられているわけです。雑念が浮かぶのは当たり前だと思って、雑念は受け流してください。

坐禅は無心になるための最高のトレーニングになります。

誰でも手軽にできる「椅子坐禅」

ひざが悪くて結跏趺坐や半跏趺坐がつらいという人もいます。もう少し気軽に坐禅ができたらいいのに、と考える人もいることでしょう。そうした人たちには「椅子坐禅」をおすすめします。

坐蒲ではなく、ふだん使っている椅子に坐り、坐禅するのと同じように心を落ち着けます。

- まっすぐ椅子に坐る
- 坐禅と同じように法界定印を結ぶ
- やはり半眼で、目線は四五度くらいの角度で斜め下に向ける
- 口を閉じた状態で（口の中に空気がこもらないようにしながら）、深くゆっくり丹田呼吸をする

これが椅子坐禅です。

一炷にこだわることはなく、十分程度でもかまいません。

朝などに行うことを習慣づければ、心が落ち着くだけでなく、体の調子も良くなっていくのが実感できるはずです。

椅子坐禅で注意したいのは姿勢です。

椅子には浅く腰掛け、背中は背もたれから離します。足はひざを直角に曲げて自然におろし、足の裏を床につけます。左右の太もものあいだはこぶし二つ分くらい空けておくといいでしょう。足をぶらぶらさせたりはしないで、だらしなくならないようにします。

背筋はもちろんまっすぐ伸ばします。頭のてっぺんから尾てい骨まで一直線になるようにして、あごは引きます。姿勢を整える際には左右揺振を行います。上体を左右に振って軸を定めます。

禅の世界では型が重視されますが、家庭などでは、型を重んじながらも心を静める時間をつくれたならそれでかまいません。姿勢良く椅子に腰かけて、ゆっくり丹田呼吸をしていれば、それだけで肩の力が抜けていき、心が整えられます。

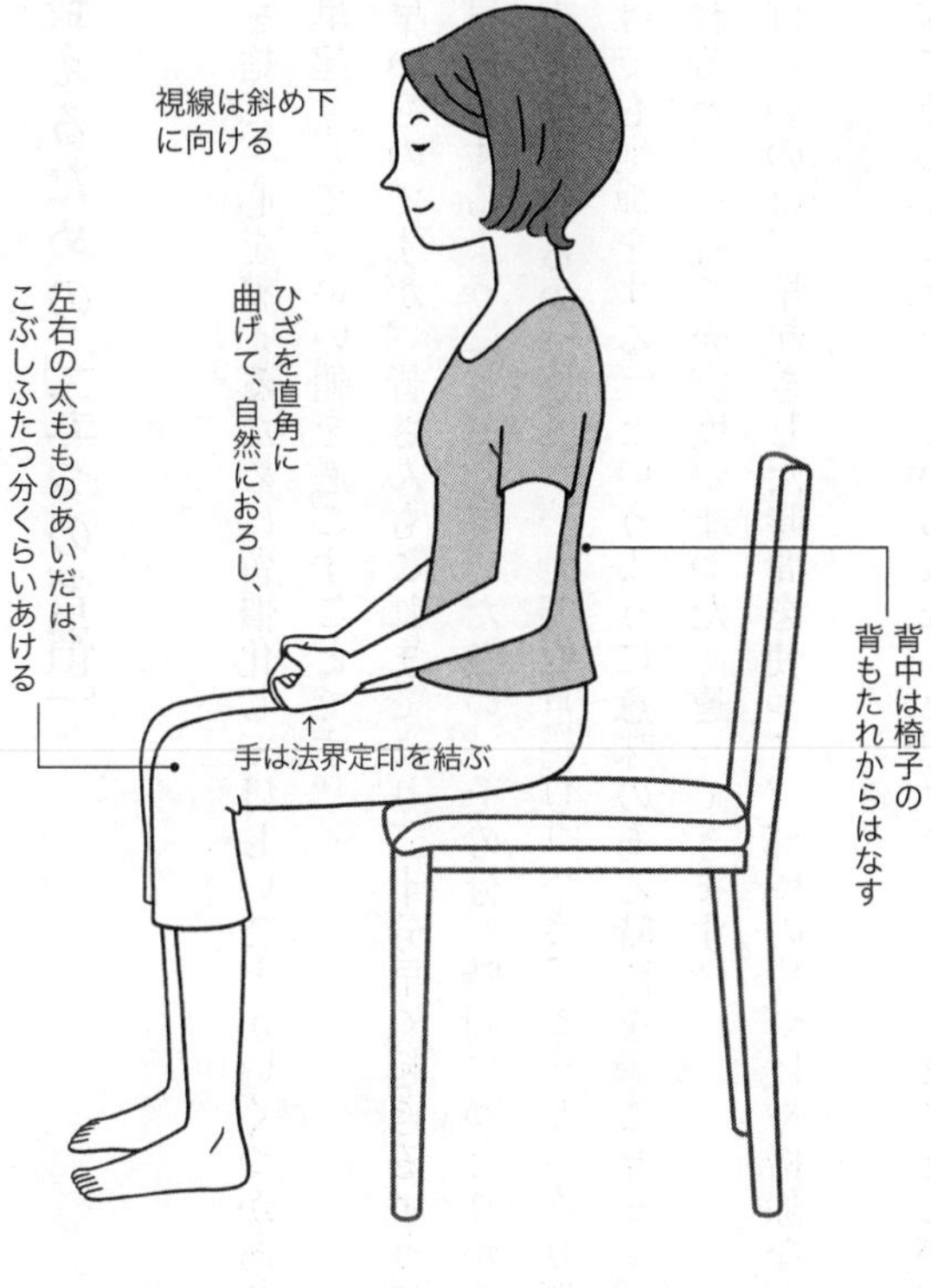
視線は斜め下
に向ける
ひざを直角に
曲げて、自然におろし、
左右の太もものあいだは、
こぶしふたつ分くらいあける
手は法界定印を結ぶ
背中は椅子の
背もたれからはなす

心を整えるための「五つの習慣」

悩みや妄想を捨て、心を整えるために習慣化してほしいことがいくつかあります。

一つには、早起きして、いい朝を過ごすことです。

禅寺の朝は早いものですが、皆さんもこれまでより三十分早く起きるようにするなど、少しだけでも早起きするようにしてみてください。その分、時間にゆとりができます。慌ただしく仕事に出かけるのではなく、「その日に行うべきことをしっかり確認しておく」、「十分だけでも坐禅をする」というように意味のある時間を過ごせます。そういうスタートを切れると、一日の充実度がまったく違ってきます。

二つめに挙げたいのは、早起きした時間を使って、部屋の片づけや掃除などをすることです。

仕事に行く前にそんなことをしていられないと思われるかもしれませんが、家じゅう、掃除をする必要はありません。毎朝、玄関前を掃くだけでもいいし、曜日ごとに台所、階段、玄関などと、掃除する場所を決めておく方法もあります。禅寺でも作務が大事な修行になっているように掃除は坐禅に劣らないほど大事な修行になります。修行といった考え方をしなくても、身の周りをきれいにすれば、心の塵《ちり》が払われます。雑念を持たずに家から出かけられるようになるのです。

三つめには合掌すること。合掌する心を持つことです。

右手と左手を合わせることには、相手の心と自分の心を合わせるという意味がありま す。つまり合掌をすれば、人と比べるのはやめて、誰に対しても感謝の心を持てるようになります。会社などでいきなり人に向かって合掌すれば驚かれてしまうかもしれませんが、合掌の心を持って人と接することです。

そして家庭では、仏壇や亡くなった家族の写真の前などで合掌する習慣をつけます。それによって感謝の気持ちを忘れなくなります。

四つめは、三業を整えることです。前章でも記したように身（所作）を整える「身業」、口を整える「口業」、意を整える「意業」が三業です。立ち居ふるまいに気をつけていれば、かっかとすることはなくなります。また、美しいふるまいは人を惹きつけるものなので、良き出会いにも結びつきます。

常識的な作法にも気をつけてください。

禅の世界に限らず、決まり事といえるマナーはあります。そういうマナーを守ることは常日頃から心がけておきたいものです。

「脚下照顧《きゃっかしょうこ》」という禅語があります。

足元をよく見つめ、我が身をしっかりと振り返りなさいという意味です。

玄関にこの言葉の立て札を立てたり、張り紙をしているお寺も多いものです。この張り紙を見かけたときには、脱いだ履物はきちんと揃えなければならない、と思い出してください。

五つめは、できるだけ自然に触れる機会を増やすこと。

マンションからオフィスへと電車を使って往復している日々を過ごしていると、どうしても自然に接する機会が少なくなります。先にも書いたように心の余裕を失わないためにも季節を感じることは大切です。草花の芽吹き、風の変化、小鳥のさえずり……。

四季のある暮らしの中で日本人の感性は育まれてきたといえるので、常に自然には触れあっておくべきです。

遠くへ出かけたりしなくても、ちょっとしたところに四季のうつろいは感じられるものです。それによって感性は磨かれていきます。

こうした習慣を持ったうえで、いまという時間を大切にします。

過去を振り返らず、未来に不安をもたない。

そういう日々を過ごしていれば、悩みなどに心が煩わされることはなく、澄んだ心でいられます。

「禅語」で学ぶ、**おだやかな生き方**

無心の境地に入れば心に波風が立つことはなくなり静謐《せいひつ》の中にいられます。

常に無心でいるのは難しくても、できるだけ雑念をなくしておだやかな心でいたいものです。

非思量　ひしりょう

思量とは思いをめぐらせること。ひとつのことをいつまでも心にとどめてしまっている状態です。非思量は「思量するに非《あら》ず」ということなので、思いをめぐらせず、心にとどめない、という意味になります。

禅僧が坐禅を組むときも、何も考えてはいけないとされますが、何度も書いているように、なかなかそうはできません。何も考えないと決めるのではなく、頭に浮かんだことにとらわれないようにすること、右から左へと流してしまうことです。それによって無に近づけます。

静かな水面に小石を投げれば、波紋が広がります。その波紋をなくそうとして水の中に手を入れれば、また新たな波紋ができます。思量を続けていることで、いつまでも悩みなどが消えなくなってしまうのも、それと似ています。何かが頭に思い浮かんでも、そのままにしておきます。水面を元に戻そうと考えたときのように余計なことをしなければ、そのうちすぐ静かな水面に戻ります。

達磨《だるま》大師に師事して二祖になった慧可《えか》大師は、修行時代に「私の心配事を取り除いていただけませんか」と達磨大師にお願いしたことがありました。すると、「よし、わかった。ではまず、その心配事を私の前に差し出してくれ」と返されたという逸話があります。当然ながら、心配事を差し出すことなどはできません。それで慧可は「心配事には実体がなく、自分の心がつくりだすものに過ぎない」と気がついたのです。

こうした考え方ができると非思量になれます。

心配事でも悩み事でも腹立たしいことでも、頭に思い浮かんでも、それについて考えようとはしないで、その感情にとらわれないようにします。

非思量になれば、心に負の感情を残さずにすみます。

両忘　りょうぼう

苦楽、善悪、貧富、損得といった二元的な対立を忘れるのが両忘です。苦しいのか楽しいのかと、どちらかに決めようとするのではなく、どちらも忘れる。こうした考え方ができると、物事への執着がなくなります。

いまは苦しいのか、楽しいのか。善か悪か。貧しいのか豊かなのか。損か得か。好きか嫌いか。どちらなのかと考えようとしないで、「どちらでもいいじゃないか」という生き方をしていきます。そうすると、人と比べたくなる気持ちがなくなるのはもちろん、なんとかしたいと、もがき苦しまずにすみます。

一笑千山青　いっしょうすればせんざんあおし

心配事などがたくさんあっても、「あっはっは」と笑い飛ばしてしまえば、目の前の景色が変わり、青々と甦《よみがえ》るという意味です。

どうしても小さなことにこだわってしまう人は、この言葉をよく覚えておくといいでしょう。

仕事などでも、ここを乗り切るのは難しい、という課題に直面することはあるかと思います。そういうときにも「まあ、なんとかなるだろう」と笑ってしまえる心を持ちたいところです。

有名な逸話ですが、一休禅師は亡くなる前、弟子たちに「この先、どうにもならないような困ったことが起きたら、これを開けなさい」と一通の手紙を残していました。数年後、大きな困難に直面した弟子たちが、これは一休禅師が残してくれた手紙に頼るしかないと、それを開けると、次のように書かれていました。

「心配するな、大丈夫、なんとかなる」

そのひと言だけです。

弟子たちとすれば、さぞ拍子抜けしたことでしょう。それでもやがて「あははは」と笑いがこみあげてきたのではないかと想像されます。

笑って、開き直ってしまえば、心にも余裕が生まれます。それによっていい考えが浮かんで事態が好転する場合も多いものです。

七走一坐 しちそういちざ

文字どおり、七回走ったら一度止まって坐りなさい、という意味です。

中国には「一日一止」という言葉もあります。意味はおよそ同じで、走り続けるのではなく、止まるときには止まって、そこまでやってきたことを見直すべきだということです。

前を向いて走り続けるのもいいですが、超人でもなければ、どこかで息切れします。身心のリズムを整えるためにも休むべきときには休むようにします。

唐代の趙州《じょうしゅう》禅師は弟子に対して次のように言っています。

「汝は十二時に使われ、老僧は十二時を使い得たり」

十二時とは現代の二十四時間のことです。要するに、お前は時間に使われている（追われている）が、私は時間をうまく使いこなして使い切っているということです。しっかりと予定を立てるのはいいとしても、予定に振り回されている人は多いものです。

忙しいというのは「心を亡くすこと」だということはすでに書きました。「忙中閑有り」ともいうように、どんな時でも自分の時間はつくれるものです。

「忙しい、忙しい」を口癖のようにしているとしたなら、それは自慢するようなことではなく、むしろ恥ずかしいことです。

「七走一坐」、「一日一止」という言葉を心にとめておき、時間に追われないように心がけていれば、かえって毎日が充実していきます。

随所快活《ずいしょかいかつ》

おだやかな心でいられないのは、迷いを持つからです。

「安閑無事」という禅語はすでに紹介しました。何も変わることがないおだやかな日、つまらないと感じてしまいそうな日を過ごせることがいかに素晴らしいか。そういう毎日にこそ価値があるということです。

変化を求めるのは、その価値がわからず刺激を欲するからであり、他人と比べようとするからです。自分に自信を持ち、自分が歩んでいる人生に疑問を感じるようなことがなくなれば、おのずとおだやかな日々を過ごせるようになります。

「随所快活」とは、いかなる状況にあっても、へりくだったり、気取ったり、緊張したりすることなく、快活（ほがらかで上機嫌）でいること、すなわち自分らしく自然体でいることです。

禅が目指す生き方といえます。

社会の中で何ができているか、人と比べて地位はどうか、といったことは気にせず、ありのままの自分でいればいいのです。

風吹不動天辺月

かぜふけどもどうぜず、てんぺんのつき

風が吹いて地上の草木などが揺れ動いても、月は動じることがない、という意味です。

このあとには次のようにも続きます。

雪圧難摧澗底松（ゆきおせどもくだけがたし、かんていのまつ）

雪が降り積もり、雑木などが傾こうとも、谷底で育った松はくじかれない、ということです。

どちらの喩《たと》えも、どんな困難があっても微動だにしない心をもっておきたいということを教えてくれます。

雪圧難摧澗底松では、日頃からつらい環境で頑張っていれば簡単には折れない心を得られるというニュアンスになりますが、経験だけではなく、信念も大切です。

自分がやっていることには自信を持てばいいのです。

子どもの頃などにプロ野球選手になるといった夢を持っていたのにかなわず、会社勤めをするようになっている現在について、「こんなはずではなかった」と思っている人もいることでしょう。大抵の人はそうなのかもしれません。人生に絶望はしてなくても、「別の生き方ができたのではないか」と考えている人も多いはずです。

子どもの頃の夢が叶い、思いどおりの人生が送れている人などはそれほどいないのが現実です。ほとんどの人は、夢と現実のギャップを感じたことがあるのだと想像されます。だからといって、投げやりになってしまっては人生が価値を失います。

思い描いたとおりの人生にはなっていなくても、その人生を素晴らしいものにしていけばいいのです。いまを懸命に生きていれば迷いは捨てられ、充実した日々を過ごせるようになるはずです。

第4章

「孤独」を大切にしながら、人と「つながる」

「孤独」と「孤立」

生きている限り、人は誰でも他者とつながっています。そのことを前提にしたうえで、意識的に孤独になるのもいいのではないでしょうか。

周りと比べたり、周りに流されたりすることなく、「自分はどうしたいのか、何をすべきなのか」をじっくりと見直してみるためです。

ふだんは人に囲まれて生活していても、あえて孤独に身を置きます。坐禅を組んで無に近づくのもいいのですが、それとは逆に考える時間をつくります。

「白雲《はくうん》抱幽石《ゆうせきをいだく》」という禅語があります。

唐代の僧である寒山が世間との関わりを断ち、一人静かに隠遁《いんとん》生活をした風情を表現した詩の一節です。白い雲が岩を包みこんでいるような場所でこそ何ものにもとらわれない日々を過ごせるということです。

日本でも平安時代の武士階級のエリートでありながら身分を捨てて出家した西行さんは、山の中に庵《いおり》をつくりながら漂泊の旅を続けました。西行さんのように修行の身の僧侶が山野に露宿することを「樹下石上《じゅげせきじょう》」といいます。

現代に生きる私たちが、家族を捨ててそこまでする必要はありません。しかし、ひと月に一度くらいあまり人のいない場所に出かけてみたり、一日に一時間くらい部屋の中で一人で過ごす時間をつくったりするのはいいのではないかと思います。

そういうときには携帯電話の電源を切るなどしておき、じっくり自分を見つめるようにします。

いまの若い人たちは、LINEなどにメッセージが届いたときにはできるだけ相手を待たせないように返信します。互いに監視し合っているのにも近いそんな関係はいつ壊れてもおかしくないといえるはずです。

そうした「仮想のつながり」から逃れるだけでも、軽やかになり、ゆっくりと自分を見つめられるようになります。そのためにも、たとえば夜の十時以降は携帯電話を見ないで静かに過ごすなどと決めておくのもいいと思います。

「孤独」になるのと「孤立」するのは、まったく別のことです。

孤独は一人であること、一人になることですが、孤立は一人になってしまうことです。

孤立してしまえば、人や社会とのつながりが断たれてしまいます。

私たちは「縁」を大切にして生きていくべきであり、自ら縁を拒むようなことをすべきではありません。

孤独を大切にしながらも孤立しないで生きていく。その姿勢が大切なのです。

人はいつでも自分以外の存在とつながっているものです。

そのことを仏教では「共生《ともいき》」という言葉で表現します。

単身赴任になっていても、家族とは常に思い合っていて、互いの存在が励みになり支えになっている。そうした状況はわかりやすい共生です。

家族に限らず、一見つながりのないような人たちはもちろん、自然界の草木や動物、鳥や虫とも共生しています。

知らないところでつながり、支え合っているのです。

亡くなったご先祖様もそうです。いまはこの世にいなくても、あなたを支え、あなたと共に生きている。

どんな孤独の中にいようとも、決して一人ではなく、共に歩いてくれる存在がいます。誰かに支えられ、自分もまた誰かを支えている。

生きていくうえではそういう意識を持っておくべきです。

損得勘定を持ち込まない付き合い

「天地与我同根 万物与我一体（てんちとわれとどうこん、ばんぶつとわれいったい）」という禅語があります。

この世に存在するものはすべて同根であり、区別のない一体だ、という意味です。

荘子の根本思想である「万物斉同」にも通じます。荘子は「天地は我と並び生じて、万物も我と一たり」という言葉を残しています。

これらの言葉が示しているように人は分け隔てなく一体なのだと考えられたなら、他人との優劣を考える必要はなくなります。

友人も含めた交友関係についても見直してみてください。「あの人と付き合っても何の得もない」、「あの人と付き合っていれば、仕事がもらえる」、「食事などをごちそうしてもらえる」といった打算が生じていることもあるのではないでしょうか？

そうした損得勘定があるなら、見せかけの付き合いです。良き関係を築いていけるものではありません。

その相手とは心を許し合うことができず、本音の付き合いができないはずです。そういう付き合いはやはり寂しい。損得勘定を持ち込まなければいい友人になれたのかもしれないのに、最初にそういう計算を頭に思い浮かべていたばかりに本当の友達にはなれずに終わることもあります。

人と出会ったときには先のことなどは考えるべきではありません。真っ白な気持ちで接していれば、自然に生涯の友になっていることもあるのです。

菩薩行とゆずる意識

道元禅師の『正法眼蔵』には「自未得度先度他（じみとくどせんどた）」という言葉があります。

自ら未だ度を得ざるに先ず他を度す——。

自分のことはあとにしてでも、まず他人を救いなさいという教えです。

それはすなわち「菩薩行《ぼさつぎょう》」でもあります。

菩薩というと、観音菩薩をイメージする人も多いのでしょう。菩薩はもともと、お釈迦様の修行時代を指す言葉でした。悟りを開いた存在が如来であり、如来になる前段階が菩薩です。

悟りを求める衆生《しゅじょう》（人々）もまた菩薩です。

観音菩薩のように私たちがよく知る菩薩は、悟りを開いて如来になることができるにもかかわらず、慈悲と救済の心で菩薩にとどまり、救いを求める衆生を助けてくださっています。

そのことからもわかるように菩薩には、分け隔てのない慈悲の心があるかが問われます。それが菩薩行です。

とはいえ、一般の人たちはそこまで大げさに考える必要はありません。

日常的なちょっとした場面で「ゆずる」という意識を持てるかどうか、です。

ビジネスにおいて、相手には損をさせても利益を出したいと考えたりはしない。電車の中で一人分の席だけが空いていたときに奪うようにそこに坐るのではなく、自分は立っていればいいと考える……。

そういう場面で悩まず、自然にそんな行動をとれたならいいのです。

「利己の心」と「利他の心」

自分が良ければいいと考える「利己の心」と、自分を犠牲にしてでも他者の利を考える「利他の心」では、利他の心を大切にしたいものです。

京セラの創業者である稲森和夫さんも常々そうしたことを話されています。

自分のことしか考えないでいるとかえって間違った判断をしやすい。それに対して、人を思いやる姿勢でいれば協力してくれる人たちも現れやすくなります。損得勘定を働かさずに利他の心を大事にしていれば、結果的に自分が助けられる場合も増えやすくなるものです。

最近は「win-win の関係」が重視されるようにもなっています。そのことでもわかるように一人勝ちを目指していてもいいことはないのを知っておくべきです。

「善悪難定《ぜんあくさだめがたし》」という禅語があります。

善だと思っていたことが悪になる場合もあれば、悪だと思っていたことが善になる場合もある。善悪を判断するのはそれだけ難しい、ということです。

稲盛さんはそうしたことがよくわかっていらっしゃるのだと思います。

何かのビジネスなどを始める際には、「利害だけで判断していないか、私心はないか、世のためになることかをよく考えるべきだ」として、こう話されています。

「十年、百年経ってもよかったと言われることかどうかをしっかりと自分に問わなければならないのです」と。

目先の損得を気にしていると、こうしたことを考えなくなってしまいます。たとえ考えようとしても、判断も誤りがちになるので、注意が必要です。

他人のせいではなく因果応報

何か嫌なことが起きると、○○さんが悪い、世の中が悪い、などと考えがちです。自分が悪かったわけではないということを自分の中でも確認しておきたいことから、他に原因を求めてしまうのです。

しかし、人のせいにしていても成長はありません。自分自身はどうだったかと考えない限り、その出来事からは何も学べず、プラスに転化はできないからです。

「善因善果《ぜんいんぜんか》」、「悪因悪果《あくいんあっか》」という教えがあります。

私たちの行いは「業」あるいは「カルマ」と呼ばれます。良き業からは良き結果が導かれ、悪しき業から悪しき結果を招くということを示すのがこれらの言葉です。

「因果応報」とも言い換えられます。因果応報というと、悪いことがあったときに「あなた自身が悪いのですよ」と諭すように使われる場合が多いのだと予想されます。本来は、良き結果も悪い結果もどちらも原因があってのことだ、という意味です。

いいことも悪いことも、原因をつくっているのは自分自身なので、何事も人のせいにしていてはいけません。

社会で生きていくなかでは「ゆるせない」と感じることもあるでしょう。しかし、「あるがまま」を受け入れる禅的な考え方ができれば、大抵のことはゆるせるはずです。

「こんな言い方はないだろう」、「こんなやり方はないだろう」と感じたときも、自分のモノサシで測っているだけです。そのモノサシは狭量なものになっているかもしれません。そういうモノサシで測ろうとはしないで、「人それぞれなのだから、こういうやり方、考え方をする人がいてもおかしくない」と考えられたなら、受け入れられる範囲は広がります。

上司にひどいことを言われたときにも、怒りを覚えるのではなく、「そういう言い方をする人もいるから」と受け入れます。そうすれば、負の感情に支配されずにすむので、すぐに切り替えて、やるべき仕事に集中できます。

人からの評価は気にしない

自分がどのように評価されているのかは、どうしても気になるものです。

上司に対して腹が立つ場合にしても「自分は頑張ったのによくやったとほめてくれない」、「結果は失敗だったかもしれないけれど、あんな言い方はしなくてもいいのではないか。評価してもらっていい部分もあったはずだ」などと考えていることが多いのではないでしょうか。

思ったような評価が得られなかったということから腹を立てたり、モチベーションを落としたりしているわけです。

人からどう見られているかと評価を気にしていても、仕方がありません。評価などというものは、他人がその人の価値基準にもとづいて下しているものです。すぐに人を認めるタイプもいれば、ほとんど人を認めようとしないタイプもいます。

自分が一定の結果を出したとき、自分が思っているほど評価されなかった、というようなこともあります。

そういう場合、その上司が部下を評価する際のハードルが高いからだとも考えられますが、そうではないかもしれません。他の人間はともかく、「あなたならもっとできるはずだ」と高い期待を寄せてくれている裏返しだとも考えられます。

そうだとしたなら、その期待に応えられるように頑張るしかありません。評価に振り回され、評価が得られなかったからといって腹を立てたり落ち込んだりしていても、いいことはないのです。

逆にいえば、高く評価されたからといって思い上がってしまえば成長はありません。評価などは気にしないで、いまやれることを精一杯やる。それを続けていくしかないのです。

人からの評価を気にしなくなれば、平常心でいられます。

人と比べて妬んだりするような執着もなくなります。

人間関係でぎくしゃくすることもなくなるので、いつも晴れやかな気持ちで前向きでいられます。

「ありがとう」のひと言が持つ力

人との付き合いにおいて大切にすべきなのが言葉です。

自分の考えなどは言葉にして相手に伝えていくものであり、相手の考えも言葉から理解するのが普通です。

言葉にしないでも気持ちを察せられることはありますが、相手が誰でもそれができるわけではありません。言いたいこと、伝えたいことがあるなら、誠意をもって言葉にするべきです。

その際の言葉の選択も大切です。

言葉によって相手を喜ばすこともできますが、深い意味を持たせたつもりはなく口にした言葉が相手を傷つけることもあります。軽はずみなことを口にしないように気をつける意識は大切です。

日頃からできるだけ美しく丁寧な言葉を心がけるようにもすべきです。

心がこもった言葉を「愛語」といいます。

愛語は、人をあたたかい気持ちにしてくれるので、人との関係を良くしてくれます。

長年連れ添っている仲のいいご夫婦の奥さんが、「長く一緒にいすぎるせいなのか、会話は減ってきたんですけどね」と愚痴をこぼされたことがありました。それで私はおせっかいだと知りつつも、ご主人に対して「特別な言葉をかけたりしないでも、ありがとうと言うだけで違うものですよ」と話しておいたのです。

そのご主人としては、ふだんから奥さんに対して常に感謝の思いを持っていましたが、その気持ちを口にするかしないかには大きな違いがあります。

その後にご主人は、奥さんがお茶を淹《い》れてくれたときに「ありがとう」と言ったそうです。その言葉を聞いたとき、奥さんは、えっと耳を疑ったといいます。それでも、そう言って照れくさそうにしているご主人を見ると、涙がこぼれてきたそうです。

それだけではなく、「これからもこの人と生きていこう」という気持ちを強くしたというのですから、まさに愛語です。

ありがとうというひと言には、それだけの力があります。

ちょっとしたときにでも、ありがとうと口にできるようになると、それだけでもずいぶん違ってくるはずです。

無財の七施

浄土教の根本経典にもなっている『無量寿経』には「和顔愛語《わげんあいご》　先意承問《せんいじょうもん》」と書かれています。

和やかな笑顔で思いやりのある言葉を口にすること、相手の気持ちを先に汲み取り、自分に何ができるかを考えることが大切だという教えです。

それにも関連して知っておいてほしいのが「無財の七施《ななせ》」という言葉です。布施というと主にお金による財施を指しますが、お金をかけずにできる施しをこう呼びます。

眼《がん》　施《せ》――やさしい目で相手を見ること
和顔施《わげんせ》――にこやかな顔で人に接すること
言辞施《ごんじせ》――やさしい言葉をかけること
身《しん》　施《せ》――体を使った奉仕をすること
心《しん》　施《せ》――心配りを忘れないこと
床座施《しょざせ》――席や場所などをゆずること
房舎施《ぼうじゃせ》――人を家に泊めてあげるなどして助けること

これらが無財の七施です。施した側も施された側も幸せになれます。

「和顔愛語　先意承問」の精神がそのまま無財の七施につながります。

人に好かれたい、認められたい、何かをしてもらいたい。そういう気持ちが強い人もいることでしょう。しかし、人に対して、施そうとしないで、施しを求めるのは身勝手です。キブアンドテイクともいいますが、テイクを期待しないでギブができるギバー（与える人）になることが大切です。その姿勢でいてこそ、周りに人が集まってきてくれ、いい人間関係を築けていきます。

相手との距離を縮める「挨拶」

お互いに見返りを求めず、互いに与え合えるのが理想的な関係といえます。そのためには、どちらかが先にアクションを起こすことになります。

相手が動いてくれるのを待たず、自分から動く。

人に好かれたいなら自分から好きになる。

それが自然のことだという感覚でいればいいのです。

「挨拶」という言葉は、禅の習慣から生まれています。

禅僧同士が会ったときに相手の悟りの深さを試すために行った問答のことを「一挨一《いちあいいち》拶《さつ》」といい、そこから生まれた言葉が挨拶です。

挨にも拶にも、押すという意味があるように、相手から声をかけられるのを待たずに自分から挨拶するようにします。

家族や仕事仲間などはもちろん、近所の人や、あまり話したことがない人などにも「おはようございます」と笑顔で挨拶します。

それだけで相手との距離が近づき、気持ちのいい一日を過ごせます。

「勝ち負け思考」はやめる

周りの人たちとの関係がうまくいっていなかったのなら、良き日を過ごすことはできず、良き人生にすることはできません。へりくだっている必要はありません。常に「自分から」という気持ちでいられたならいいのではないでしょうか。

「勝ち負け思考」をやめることも大切です。

人には防衛本能があるので、勝ち負けは気にしていないようでも、自分の弱みなどは見せないようにと気を張りがちです。しかし、誰でも得意分野もあれば苦手分野もあるものです。

弱みを隠そうとしなくても、その分、どこかで強みを見せられたならいいのです。弱みなどはむしろ、先に見せてしまってもいいくらいです。

「じつは自分はこの分野に関してはからっきしなんです」と最初に言ってしまうのもいいのではないでしょうか。ストレートに自分の弱点などを話してしまえば、かえって好感を持ってもらいやすいくらいです。苦手なところは人にカバーしてもらい、その分、別なところで頑張るようにします。そういうふうにできたならチームワークも良くなり、ストレスを溜めずにすみます。

感謝の気持ちは本気で示す

お世話になっている人に対しては感謝の手紙を書くこともすすめています。いまの時代においては連絡のほとんどをＬＩＮＥやメールで済ませるようになっています。しかしそれでは、感謝の気持ちはなかなか伝わりにくいものです。

近年は年賀状を書く人も減ったといいますが、お礼の気持ちを伝えたいときなどには手書きの手紙を出すのがいいのではないでしょうか。

年賀状にしても、宛名書きも裏面もプリントで、一字たりとも手書きの箇所がなければやはり寂しいものです。

直接会って、礼を言ったり挨拶ができたら何よりですが、それが無理でもＬＩＮＥやメールではすませず、電話で礼を言う。あるいは直筆の手紙を書いてみる。それだけのことでも、本気で感謝の気持ちを示そうとしているのが伝わるはずです。

簡略化が認められる時代になったといっても、時代の変化とは関係なく、心を伝えるやり方はあるものです。

「一期一会」とかけがえのない日々

「一期一会《いちごいちえ》」という言葉はよく知られているはずです。

もともと千利休が口にしていた言葉で、利休の弟子である山上宗二《やまのうえそうじ》があらためて書物にこの言葉を記したことから茶道の心得として世に広まりました。

「一期」も「一会」も仏教の言葉です。一期は生まれてから死ぬまでの一生涯のこと、一会は集いのことです。

茶道の世界では、同じ茶会は二度とないと心得て臨むべきだということがこの言葉によって示されています。

そこから一般的にも「一生に一度の出会い」、「一生に一度限りの機会」という意味で使われるようになりました。

人と人の出会いにはそれだけの縁があるということです。

それを心得ておけば、「意味のない出会いはない」、「大切な存在といえない人はいない」ということがわかります。人とのつながりはそれだけ大切です。ないがしろにできる付き合いなどはありません。

人との出会いに限らず、どんなことも一生に一度限りの機会になる、という意味も忘れないようにしてください。

何をするにしても、同じ一瞬は二度と訪れることはないのです。

同じ場所に旅をするにしても、季節や天候、あるいは同行する人が違えば、まったく違う旅になります。同じ季節に同じ場所へ一人で旅することを繰り返していても、同じ旅にはなりません。その日その瞬間にその場所にいたからこそ感じられることが必ずあるはずだからです。

ある程度の年齢の人に対しては、以前に行ったことのある場所に「二度目の旅をしてみてはどうですか」とすすめることがあります。

同じ旅館に泊まっても、必ず何かしらの変化を感じるものです。そしてまた、同じ場所に泊まっている自分自身の変化も感じやすいものです。

以前にそこに泊まっていたときからこれまでのあいだに「何を得て、何を失ったのか」と人生を振り返えることができ、また新たな一歩を踏み出すこともできるのです。

人生とは、そうして日々を紡いでいくものであり、意味のない一日などはありません。意味のない行為もなければ、意味のない一瞬もない。

「かけがえのない出会い」、「かけがえのない一日一日」、「かけがえのない一瞬一瞬のかけがえのない行為」の積み重ねが一生になります。

ムダにしていい時間、ムダにしていい仕事や行為などはありません。そういう観点からぜひ日常を見直してみてください。

一日一日の積み重ねが一生になります。

価値のない人生などはありません。どんな人生にできるかは自分次第です。

そして人は、決して一人では生きていけません。孤独と共生。どちらの言葉の意味もよく理解しておいたうえで、周りの人たちと共に歩んでください。

青山白雲　せいざんはくうん

「青山《せいざん》元《もと》不《ふ》動《どう》　白雲《はくうん》自《おのずから》去来《きょらいす》」という言葉からきています。

青々として動かない山の周りを白雲は無心に去来している。その光景からもわかるように互いに対立して存在するものなどはひとつもないということです。

山と雲、プラスとマイナスのようにまったく個性が違っていても、対立しているのではなく支え合っています。プラスあるいはマイナス、どちらかだけの世界などはありません。

人と人がぶつかり合ってしまうときのことを想像してみてください。

意見の違いなどが直接的な原因になっている場合は多いはずです。それを招いているのが考え方や価値観の違いです。

「あの人とは合わない」と言ってしまうのは簡単です。しかしそれは「合う合わない」、「こちらが正しくてあちらが間違っている」と決めつけようとすることから生まれる感情であり摩擦です。

二つの個性が正反対のように見えたのだとしても、反対だから合わない、ということにはなりません。

違うからこそ、支え合える、補い合える部分はあるものです。それを理解していれば、人と対立することはなくなります。

無功徳　むくどく

中国にあった梁《りょう》という国の武帝があるとき達磨大師に問いかけました。

「私はこれまでに多くの寺を建て、たくさんの人を出家させてきました。その私にはどんな功徳があるのでしょうか？」

それに対する達磨大師の答えが「無功徳」のひと言でした。

功徳（良い行いに対する報い）などは何もない、ということです。

見返りを期待しての善行には意味はない。何かをすれば何かを得られると考えるのは間違っている。損得を考えずに行動しろ。

そんな教訓が得られる言葉です。

禅の根本にある考え方は「無心無作《むしんむさ》」です。

自分が誰かにする行為はすべて無心であり、何の策略も計算も働かせていない。見返りを期待するのではなく、ただ相手のことを考えて行うものである、ということです。

「無功徳」という言葉はまさにそのことを示しているわけです。

いつでも無心無作でいられるのが理想ですが、多くの人は、人に対して何かを行えば、見返りを期待します。

要するに「お返し」です。金品を期待することもあれば、「自分はあなたを助けたのだから、いつか私を助けてください」という意味が込められることもあります。持ちつ持たれつともいうので、そのくらいの感覚でいるのはまだいいかもしれません。実際にそう口にすることで、相手の気持ちがかえってラクになる場合もあります。それでも本来は、そうしたことは口にもしないで、自分が何かをしてあげたということで話を完結させてしまうべきなのです。

何かの手助けをしたあと、「お返しなどは何も期待していなかったけど、お礼の言葉や感謝の言葉くらい口にしてもいいのではないか」というように気を悪くする人もいます。気持ちはわからないでもありませんが、感心はしません。お礼の言葉といったことさえも期待せず、ただ無心で行うべきだからです。

あらゆる人間関係において、相手に何かを期待しないようにもすべきです。

人に何かを頼んだとき、「それをしっかりやってくれたかどうか」と気にしているのも問題です。頼めばやってくれるという信頼関係がある相手がいた場合にしても、「こうしてほしい」と求める結果があるなら、人に頼むのではなく自分でやればいいのです。相手を軽視するという意味ではなく、自分のことは自分でやるのが本分だからです。

その部分を徹底できるようになると、人のリアクションや反応などに過敏にならずにすむので、おだやかな心でいられます。

無心風来吹

むしんにかぜきたりふく

夏の暑い日に吹くそよ風は、私たちに涼を与えてくれます。しかし風は、私たちに涼しい思いをさせようとしているわけではなく、ただ無心で吹いているだけです。

無心風来吹は、無心無作とおよそ同じ意味の言葉だといっていいでしょう。風は私たちを涼しくしてくれても、それによる見返りを求めてはいません。

人もまた、見返りを求めるつもりのない施しをすることがあります。自分の気持ち、あるいは経済状況などに余裕が生まれてきたときに「周りの人たちにも幸せを分けてあげたい」、「他の人に何かしてあげられることはないか」と考えるような場合がそうだといえます。ただし、こうした場合にしても、自分に得るものがまったくないのかといえば、そうとも言い切れない部分はあります。

余裕のあるときにできることをしようとした場合、それによって自分の気持ちがラクになる部分もあります。言い方を厳しくすれば、余裕のあるときにできることをしておけば、困ったときには誰かに助けてもらえるかもしれないと考えているかもしれません。形として貸しをつくろうというわけではなく、精神的な保険をかけているようなものです。そういう気持ちをまったく持たず、余裕がないときであっても、まったく見返りを求めない施しができるようになりたいものです。

萬法一如

ばんぽういちにょ

「天地与我同根　万物与我一体」という禅語はすでに紹介しました。この「萬法一如」もまた、すべてのものはつながり合っているという意味です。

だからこそ、自分だけが幸せになる、ということはあり得ません。みんなが互いのことを考えながら生きていくべきだということがこの禅語からは汲み取れます。

毎日をどのように過ごしているか？

多くの人にとって、生活の中心になっているのが仕事のはずです。もちろん、家事や育児も含んでのことです。

そういう仕事を何のためにしているかといえば、生活のため、家族のため、という意味が大きいのだと思います。

生活のためというのは、生活していくのに必要なお金を得るためとも言い換えられます。世の中のシステムを考えたなら少しも否定されることではありません。

ただし、毎日の仕事がお金を得ること以外に意味を持たないのかといえば、そんなことは絶対にないはずです。

どんな仕事でも、誰かのためになることをしています。だからこそ、その対価を得られているのです。そのために自分の力（特技や技術）を生かしているのです。

毎日の仕事は、必ず誰かのためになり、誰かを笑顔にしています。

家事にしてもそうです。会社の仕事よりむしろわかりやすいといえます。家族のために行い、家族を笑顔にしているのが家事だからです。

どこかで知らない誰かが笑顔になっているのだとしても、身近な人を笑顔にできているのだとしても、人を幸せにできているのにかわりはありません。

そんな毎日を過ごせていたなら、その人も当然、幸せでいられます。

第5章

「病い」や「老い」、そして「死」とはいかに向き合うべきか

「老い」に寄り添い、「死」を拒まない

諸行無常とは「すべてのことは常ならず。うつろい続けていて、とどまることはない」というお釈迦様の教えです。

私たちはこの教えをよく理解しておく必要がありますが、実際はどうでしょうか？

多くの人は無常に逆らおうとします。

幸せが感じられていれば、その時間が永遠に続いてほしいと望みます。加齢や老いには逆らいたがり、死の接近を拒みます。

しかし、諸行無常は絶対の真理です。

老いや死をある程度、先延ばしにできても、いつかは必ず直面します。「生きたい」という思いは尊いにしても、無常という真理は受け入れなければなりません。

抗いようのない真理に抗おうとしなくなれば、気持ちはラクになります。あるがまま

を受け入れ、なるようになると考えることが、迷いをなくす第一歩になるのです。

アンチエイジングという言葉もよく耳にするようになりました。そのまま訳せば「加齢に逆らう」ということです。

年齢を重ねていくなかでできるだけ健康でいようとするのはいいとしても、どちらかというと、美容の面から語られる場合が多い気がします。皺《しわ》やたるみといった見た目の老化をおさえて、できるだけ若く見せようというわけです。そんなことにお金や時間をかけて頑張っている人を見ると、ムダな抵抗をしているなと思わずにいられません。

年をとれば老いるのは当たり前です。自然の摂理に逆らおうとしても苦しみが増すだけです。とくに体に人工的な手を入れるようなやり方には疑問が持たれます。

摂生やトレーニングで肉体を鍛え直そうとする場合にしても、「十歳若く見られたい」といったことを目標にするのはあまり感心しません。実年齢はどこまでいっても実年齢です。「十歳若く見られてよかった」、「年齢より上に見られるのは悔しい」などといって一喜一憂しているくらいなら、他に意識するべきことはあるはずです。もちろん、自分の体と相談しながら、無理のない運動をすることなどは否定しません。できるだけエスカレーターを使わずに階段をのぼるように心がけるのもいいでしょう。ただし、階段を歩いて息切れしたなら無理はしないでおくべきです。息切れしたとしても、自分を恥じる必要はありません。「年を取れば筋肉が衰えるのはしょうがない。体力が落ちてるんだから、ほどほどでやっていこう」と受け入れてしまえばいいのです。

老いを拒まず、老いに寄り添い、のんびりと歩いていってもいいのではないか。

それが私の考え方です。

「どうせ」ではなく「もしかしたら」と考える

年を取ってしまったからもう何もできない、と考えるのは、もちろん違います。

たとえば、どこか旅したい場所がありながら、もう無理かなと思うことがあるかもしれません。「海外は無理かな」、「あのお寺に行くには厳しい山道を登らなければならないからな」などと理由はいろいろとあるはずです。

実際のところ、難しいケースはあるにしても、最初から「どうせ無理だ」と決めつけるべきではありません。

「もしかしたら行けるかもしれない」と考えて、手段を探ってみる姿勢は大切です。「どうせ」とあきらめるのではなく「もしかしたら」と考えるようにすれば、実現できることは増えていきます。

生きているうちは夢や希望を持ち続け、やれそうなことにはトライしていく気持ちはなくさないでほしいところです。

叶えられる夢もあれば、叶えられない夢もあるでしょう。たとえ小さな夢でも、やり遂げられたなら素晴らしいことです。

叶えられない夢があったとしても、それはそれでいいのではないでしょうか。「実現できなかった大きな夢があったな」と笑ってこの世を去れたなら、それも幸せな人生です。

夢を持てていたこと自体を誇りにすればいいからです。

何かをあきらめてこそ得られるものもあります。やれないだろうかと考えてみたうえで、あきらめるのは少しも恥ずべきことではありません。

長生きは目的ではなく結果

長生きしたいという願望を持つ人は多いようです。その気持ちはもちろんわかりますが、大切なのは命の長さではありません。

人の一生の長さは生まれる前から定められているというのが仏教の考え方だということはすでに書きました。

その定命の中で「いかに生きたか」を考えるべきです。

定命を延ばそうとして（あるいは定命を信じず）、ひたすら摂生にこだわった生き方をしても、それで長生きできるかはわかりません。本当にそこだけを重視した日々を送っていたとしたなら、その一日一日にどれだけの意味を見出せるでしょうか。

長生きしたかどうかは結果であり、目的にすべきことではないと私は思います。

生きているうちは「いまを生き切る」ことだけを考えておく。

そうしていれば、おのずとかけがえのない日々を重ねていくことになります。

特別に意識を強くしていなくても、自然に健康に気をつかった生活になることでしょう。その積み重ねによって、何歳まで生きたかという結果とは関係なく、納得のいく人生を送れるようになるのです。

人間はいつか必ず死を迎えます。

その死はいつどんなかたちで訪れるかわかりません。そういう現実だけはまず受け入れておくべきです。

ガンになったら、ガンと仲良くやっていく

ガンで余命宣告されたような場合にも、もしかしたら治ることもあるのではないかと、どこかに希望を残しているものです。絶望して打ちひしがれているよりはずっとよく、

生きるための可能性を探る姿勢を持つのは大切です。それでもそういう宣告を受けた場合には、自分はガンであり、もうそれほど長くは生きられないかもしれないという現実をしっかりと受け止めておくのがいいのではないでしょうか。

「ガンで死ぬのは悪いことじゃない」というお医者さんもいます。

ガンの場合、どこまではっきりと余命宣告されるかは別にして、残された時間がある程度、読めるからです。

できる限りの治療を受けることもできる一方、その時間を使って、好きなことをやる、身辺の整理をする、といったこともできます。治療できる見込みがないガンだと知らされたなら、「これからどう過ごすか」と、ゆっくり考えてみるのがいいのではないかと思います。

ご遷化された板橋興宗禅師は老衰でしたが、二十年ほど前にガンを宣告されていました。転移もしていて、点滴のための通院もされていました。

それでも板橋禅師は「ガンになってしまったら、ガンと一緒に生きていくよりないな。ガンと仲良くして、日々の生活を楽しんでますよ」とおっしゃっていました。

この言葉からは、板橋禅師はガンとも「共生」できていたのがわかります。

ガンに限らず大変な病気であるのが知らされたとき、「なぜ自分が……」と悩み、鬱々《うつうつ》とした日々を過ごすのではマイナスです。くよくよしていると免疫力が落ちて進行が早まりやすいとも言われています。

板橋禅師のようにガンと仲良くやっていく発想を持つのは難しいにしても、「まあ、仕方ないか」と割り切れたほうが心はラクになります。

ガン細胞は自分の細胞が変化して生まれたものです。自分の一部と認められたなら共生していくしかないという考えになりやすいのではないかという気もします。

良寛さんはこんな言葉を残しています。

「災難に逢う時節には、災難に逢うがよく候　死ぬる時節には死ぬがよく候　是はこれ災難をのがるゝ妙法にて候」

災難にあったなら災難を受け入れる。死ぬときがきたなら死を受け入れる。そうすることが災難をのがれる妙法、すなわち災難にあったときの最善策だというわけです。

ガン告知を受けたようなときにも、こうした心構えでいたいものです。

それぞれの死生観と、人生のくだり坂

「遷化」とは僧侶（高僧）の死に対して用いられる言葉です。「示寂《じじゃく》」という言葉も使われますが、この場合の「寂」は寂しいという意味ではなく「涅槃」を意味します。示寂とは入寂ということ、涅槃に入ったことを示す表現です。

遷化とは、「化《け》を遷《うつ》す」ということ。この世でのつとめを終えて、違う世界に行っても、また新たに道を説いていくことになる、という意味です。

僧侶にとっての死は、終わりを意味しません。道を説く場所を移すのに過ぎないということです。僧侶の場合、終わりのない修行の旅を続けているといっていいでしょう。

それでは一般の人はどうでしょうか。

「死生観」という言葉もあります。宗教を拠りどころにするかどうかを問わず、年を重ねていくとともに自分なりの死生観を練り上げていく必要があるといえます。

死とはどういうものかと誰かに教えられたとしても、それを信じるかは自分次第です。自分なりに死とはどんなものかと考えて、残された時間をどのように過ごしていくかを考えていくしかありません。

ある程度の年齢になれば、「くだり坂」に差しかかっていることも意識せざるを得なくなります。くだり坂というと、聞こえは悪くても、折り返し地点を過ぎているという意味として考えればいいと思います。

体力が落ちた、視力が落ちた……ということはあっても、往路に比べて復路の価値が小さいといったことはまったくありません。

山登りにしても、頂上に達したあと、「しっかり下山できるか」までが問われます。エベレスト登山などでもそうですが、基本的には自分の足でしっかり下山を果たした時点ではじめてその登山が完結したものとして認められます。

下山の際には、登りよりも体力が削られているのは間違いありません。それでも登りで得た経験とスキルを生かして、安全を確保しながら「登山」を完遂します。登りとは景色の見え方も違っているものであり、また別の感動があります。

人生においても復路だからこそできることは少なくないはずです。

人生の後半には「無」に近づく

古代インドには、人生を「学生《がくしょう》期」、「家住《かじゅう》期」、「林住《りんじゅう》（棲）期」、「遊行《ゆぎょう》期」の四つに区切る考え方がありました。

学生期は学びの時期、家住期は仕事に励んで家庭をつくりあげていく時期です。その時期を経て、社会や家庭といった縛りから解放されるのが林住期、林にとどまるのもやめて遊行するのが遊行期です。

林住期、遊行期は、人生の後半だともいえます。

『マヌ法典』には林住期について次のように記されています。

「すべての財産を捨て、妻を子に託し、あるいはこれを伴いて森林に赴くべし」

それまでに得たものをすべて手放すべきだというわけです。

現代に生きる私たちはそこまでする必要はありませんが、この時期には、あらゆる執着を捨てる「放下着《ほうげじゃく》」であるべきです。

人生も後半に入れば、いよいよ欲などは持たず、無に近づいていきたいものです。

ある程度の年齢になれば、若い人たちから「あのように年を取りたい」と思われるような存在にもなりたいところです。

ある意味、それは、長く生きている者の責任です。

「薫習《くんじゅう》」という禅語があります。

もともとは、衣をしまうときに、防虫香というお香を畳紙《たとうがみ》に包んで入れておき、その香りを衣に染み込ませることを意味していました。そうした衣を次に着るときは本当に気持ちがいいものです。そこから転じて、「あの人のようになりたいと思う人のそばについていると、自然にそうなっていくこと」を薫習というようになったのです。

年長者であれば、言葉でいちいち指導しなくても、行動で範を示せる存在でありたいところです。

いかに時間を使うべきか

「山中無暦日《さんちゅうれきじつなし》」という禅語があります。

『唐詩選』の中に「たまたま松樹の下に来たり　枕を高くして石頭に眠る　山中暦日無し　寒尽くるも年を知らず」という詩があり、そこから取られています。

山中の松の樹の下に庵を結んだ隠者がいて、石を枕にして眠る日が続き、暦もないので、そんな日々が何年続いているかもわからなくなっているということです。

禅の世界では、この「山中」を「本来の自己」と向き合う場とみなします。

自らが主体となり時間や空間を使いこなすべきだ。時間に使われるのではなく、しっかり時間を使いきらなければならないということです。

林住期、遊行期になれば、時間に使われない日々を送れるようになるのではないかと考えて、その日がくるのを待ち望んでいる人も少なくないことでしょう。

その一方、いまの世の中では、たとえ定年を迎えても再就職するなどして、のんびりと暮らしていく人は少なくなってきています。周りの目は関係なく、自分で隠居はしたくないと考えて、働ける場所を求める人もいるようです。それはそれで素晴らしいことだと思いますが、そういう場合にしても放下着の精神にはなっていたいものです。

山中無暦日という禅語が若い人には関係ないわけではありません。家住期の真っ只中にいるような人も、二十四時間、会社の時間に縛られている必要はないので、山中の時間……、自分を見つめるための時間をつくっていくべきです。

禅寺には、打ち鳴らして合図に使う「木版」という板木があります。その木版には次の四行詩が書かれています。

生《しょう》死《じ》事《じ》大《だい》
無《む》常《じょう》迅《じん》速《そく》
各《かく》宜《ぎ》醒《せい》覚《かく》
慎《しん》勿《も》放《ほう》逸《いつ》

六祖である慧能《えのう》禅師の言葉です。

生死は人生の一大事であり、時は無常に迅速に過ぎ去っていく。そのことに目覚めて精進につとめて、無為な時間を過ごしてはいけない、ということです。

時間は大切にすべきです。

気がつけば人生が終わりを迎えかけようとしているかもしれません。だからといって、ただ時間に追われているばかりでは、有意義な時間にすることはできません。そういうことを考えながら、若いうちの日々も、人生後半の日々もそれぞれ大切に過ごしていきたいものです。

「十牛図」に学ぶ、折り返し後の生き方

人生という道のりを俯瞰《ふかん》してみる際には「十牛図」を思い浮かべてみるのもいいかと

思います。

十牛図という言葉を聞いたことがある人は多いのではないでしょうか。悟りを求める者の道のりを十枚の絵で示したものです。

十牛図は、童子が牛を探しにいく「尋牛」から始まります。この牛が「仏性」、あるいは「本来の自己」だと、禅の世界では捉えます。一般の人であれば、自分の夢や目標と考えてもいいでしょう。やがて牛の足跡を見つけ（見跡）、さらに牛を探し当てます（見牛）。少しずつ悟りに近づいている段階です。

その牛を捕まえても、なかなか言うことを聞いてくれません（得牛）。それでも、なんとか必死に飼いならして（牧牛）、どうにか家へと連れ帰りました（騎牛帰家）。

ところがいったん牛を手に入れてしまうと、牛のことなどは気にかけなくなります（忘牛存人）。そこに牛がいるのが当たり前で、逃げ出すこともなさそうだからです。

やがて、どうして牛を探そうとしたのかを忘れ、捕まえた牛のことも忘れ、すべてが無に帰します（人牛倶忘《ぐぼう》）。その後、童子は町に出かけて、町の人たちと語らいます（返本還源）。町の人たちの悩みごとを聞いたりしながら、童子も自分の考えを伝えていくことになります（入鄽垂手《にってんすいしゅ》）。

解釈が分かれる部分もありますが、牛を飼いならして、家に連れて帰った段階で悟りを開いたとみていいでしょう。そこで童子は自分が悟ったということにさえこだわらなくなり、町へ出かけるわけです。自分はもう牛を探す必要はなくなっているので、牛を探している人たちを助けて布教していくことになるのです。

仏性を見つける、あるいは人生の目標をかなえるといったことは、人生の半ばでかなえられるかもしれません。そうなったときには、牛の存在も忘れて、自分を無にして、人を助ける。そういうところにも幸せは見つけられます。

人生百年時代になってきていることを思えば、どこが折り返し地点で、どこから下りに入っているかはわかりにくくもなっています。人によって差はあるにしても、総じていえば、これまでよりも長い旅になっています。

折り返しなどは気にせず、とことん登り続けたいという人もいることでしょう。それはそれで悪くないとは思います。ただし、自分の体力や残された時間といったことをまったく考えずに頂上にしがみつこうとするのはどうでしょうか。

やはりどこかの段階からは、きれいさっぱりと執着を捨てて遊行へ出るか、自分のことは忘れて人を助ける生き方を考えるか。そうしてシフトしていくことを意識したほうが良き最期を迎えやすいはずです。

当たり前であることがありがたい

仏教では「生老病死」を四苦としています。

「生」、生まれることがどうして苦しみなのか、と疑問を持たれるかもしれません。自分の思いどおりになることではないからです。

私たちは、生まれてくる時や場所、親を選ぶことができません。たとえ生まれた境遇を嘆きたかったとしても、嘆いていることに意味はありません。まず自分の境遇を受け入れることから人生は始まります。

生まれてくること、老いること、病むこと、死ぬこと。

すべて思いどおりにならず、逃れられません。それが当たり前のことだと考えられたなら大きな前進です。

病気もさまざまです。完治が難しく、そのまま死につながってしまう病気もあります。死にまでは至らなくても、治療にそれなりの時間を要する病気もあれば、完治させるのは難しいために生涯付き合っていかなくてはならない病気もあります。

厳しい病気であれば、さまざまな制約が出てきます。経済的につらい状況になることもあるでしょう。だからといって、「どうして自分がこんな病気になってしまったんだ！」と失意と怒りをかかえていては、身心の不調を長引かせることにもつながります。

重い病気になったときには、それまで当たり前だと思っていた生活が当たり前のものではないのがわかるということは第三章でも書きました。そこでは呼吸を例に挙げましたが、胃腸などでも同じです。病気によっては好きなものを好きなだけ食べられなくなるどころか、それまで食べていたような日常食がほとんど食べられなくなる場合もあります。そうなってみると、普通に食事ができ、普通に消化されることがどれだけありがたいかがわかります。

「当たり前であることがありがたい」

それに気づくことも禅が目指す境地です。

坐禅や読経や作務をそのために行っているということから考えれば、病気になることはこうした修行にも近い意味を持っているわけです。

ありがたさを感じることで人は成長します。病気になったことを感謝するのは難しいにしても、病気をしたなら病気になったことにも意味があると考えるべきです。

老いに関しても同じような考え方ができます。老いによる衰えを素直に受け入れたなら、得られるものは必ずあります。

常に隣り合わせの「生と死」

「不生不死《ふしょうふし》」という禅語があります。

生死は絶対的なものだということです。

生きている限り、必ず死はやってきます。そのときがいつなのかはわかりません。生も死も、私たちの手に及ばないものであるなら、摂理に任せておくしかないのです。

死について、日頃からどこまで意識しているかは人それぞれでしょう。それでも死に対しては、大なり小なり恐れをいだいているのが普通です。

恐れているからこそ、できるだけ死については考えないようにしています。自分はまだ死を意識するような年齢ではないと考えることによって、死の恐怖から逃れようともします。自然な防衛本能であり、死に怯《おび》えすぎるよりはいいともいえます。

ただし、死を忘れようとしたからといって死を遠ざけられるわけではありません。早いうちから死に怯えすぎる必要はないにしても、いずれ死が訪れるということは少なからず意識しておくべきです。その意識を持つことによって、生きていることに対する感謝の気持ちを大きくできます。

お釈迦様も、元気なうちにこそ死を考えておくべきだということを説かれています。

人に鞭を打たれて走りだす馬を四通り（四馬《しめ》）に分けた喩えがあります。

もっとも利口な馬は、鞭を打たれる前に人の影を見ただけで走りだします。

次に利口な馬は、人が振り下ろした鞭がしっぽに触った瞬間に走りだします。

あまりかしこくない馬は、鞭がお尻に当たった瞬間に走りだします。

鈍感な馬は、鞭がお尻に当たって、痛いと感じてから走りだします。

四番目の馬のように、誰でも痛み（死）が実感できるようになってから、はじめて死を考えるのでは遅すぎるということです。

まだ痛み（死）が迫ってないうちから死を意識する。それができてこそ、生に感謝できます。そのうえで摂理に任せる感覚になれたならいいのではないでしょうか。

突然、余命宣告されたようなときに静かに受け入れて残された時間に何をすべきかと冷静に判断できるか。動揺して取り乱すばかりになるのか……。

こうしたことに関しても、死をどのように意識しているかによって変わってきます。

人間は必ず死ぬという真実がなかなかピンとこないでいた人が、そのことが他人事などではないということを実感できるのは父親や母親など、身近な人の死に接したときになる場合が多いものです。

自分が若いうちは、いつまでも親は生きていると思い込んでいがちです。いずれ死ぬということは頭で理解していても、目を逸らせて、心が受け入れません。現実としてそういうことを考えなければならない時期を先延ばしにしています。

そのため、親と離れて暮らしている人などは、こまめに連絡したり、できるだけ顔を見に帰るということをおこたります。

そういう中で、突然、重い病気であるのを知らされる場合もあります。それどころか、倒れたという連絡を受けて慌てて駆けつけながらも間に合わず、死に目に会えなくなることも珍しくはありません。そのときに死というものから目を逸らしていたことをひどく後悔します。

もっと早く、生きているありがたさを知り、死に対する意識を強くしておくべきだったと悔やんでも、すでに遅いのです。

それでもそのときからは、身近にいる誰にも必ず死が訪れるということ、自分もまた、いつか死ぬのだということを理解します。

生と死は対極にあるわけではなく、常に隣り合わせなのです。

生きているあいだは生きることに徹する

「生を明らめ死を明らむるは、仏家一大事の因縁なり」

道元禅師が著わした『正法眼蔵』の教えをわかりやすくまとめた『修証義』は、この一節から始まります。

生きるとはどういうことか、死ぬとはどういうことか。それを明らかにするのが仏の道を志す者にとって大きな課題だということです。

簡単に答えを見つけられることではないからこそ、仏の道を志す者は生涯かけて、答えを求めます。

一般の人たちにしても、老いや死というものを考えるのは大切です。その一方で「生きているあいだは生きることに徹する」という姿勢を強くするべきです。

「一息《いっそく》に生きる」という言葉があります。

ひと呼吸するその瞬間を精いっぱい生きるべきだということです。一息にかかるのはわずかな時間ですが、人生は一息が連なって成り立っています。いまの一息をひたすらに生きていれば、余計なことを考える心の隙間はなくなります。死に対する不安をおぼえている間はなくなり、いまを生きることの連続になっていきます。

禅の教えを思い出してください。

過ぎたことを悔やまず、ゆく末に不安をいだかない。

現在のみに生きればいいのです。

現在という瞬間に全力を傾注する。その時間を重ねていくだけでいいのです。

そうしているうちに、いつか死を迎える。そういう生き方ができていたなら、心残りや未練はなく、従容《しょうよう》として死を迎えられます。

最後の言葉、「死にとうない」

「死にとうない」

今際《いまわ》のきわに一休禅師はそう呟いたと言われています。

個性的な禅画で知られる仙厓義梵和尚《せんがいぎぼんわじょう》も同じように言ったと伝えられています。

二人が遷化したのはともに八十八歳です。一休禅師は室町時代、仙厓和尚は江戸時代の人なので、時代を考えてもかなりの長命です。

一休禅師は大悟していたとされ、仙厓和尚にしても、奔放《ほんぽう》な生き方をしていながら高い心の境地に達せられていた禅僧です。そういう二人が揃ってこうした言葉を遺《のこ》していたというのが本当だとすれば、永遠の謎です。

ただし、二人の言葉が生に対する未練から出たものだとは考えにくいところです。私なりに謎解きを試みるなら、いくつか想像される答えはあります。

ひとつには、禅の修行には終わりというものがないので、八十八歳まで生きて、高僧と立てられるようになろうともまだまだ学ぶべき先はある、修行とはそういう先の長いものだと弟子たちに教えるためにそういう言い方をしたのではないかということ。だとすれば、師として立派な言葉を残したといえます。

一方で、ただの茶目っ気だったと考えられなくもありません。二人はともに常識の範《はん》疇《ちゅう》を簡単に飛び越えていく人です。「どうしてあんな言葉を残したのか」と弟子たちが混乱するのをおもしろがっていただけかもしれません。

そんな一休禅師や仙厓和尚は別格として、最後に「死にとうない」といった言葉を残さないでいいように、しっかりと生き切ることが大切です。

平気で生きておられるときは、平気で生きておったらいい

曹洞宗大本山永平寺の第七八世貫首を務めておられた宮崎奕保《みやざきえきほ》禅師は次のような言葉を残されています。

「人間はいつ死んでもいいと思うのが悟りやと思うておった。ところがそれは間違いやった。平気で生きていることが悟りやった。平気で生きておることは難しい。死ぬときがきたら死んだらいいんや。平気で生きておられるときは、平気で生きておったらいい

んや」

　平気で生きるとはどういうことか？　生きていることに特別な意味などは持たせず、ただ生きること。いまそこにある命を全うしていくことです。

ただ生きるというのは、単に生きるということとはまったく意味が異なります。世間の尺度などとはいっさい関係なく、何ものにも振り回されず、自らも生きる目的などは据えない。

そうして、あるがままにひたすらに生きていくのです。

　本当に難しいことではありながらも、そうするのがいいと宮崎禅師はおっしゃっているわけです。それができているうえで、「死ぬときがきたら死んだらいい」と。

　宮崎禅師は百六歳で遷化されました。百歳を過ぎてもなお若い僧とともに修行を続けられていました。ずしりと心に響く、重みのある言葉です。

「良き死」を迎えるために

お寺の住職をしていると、死について問われることは少なくありません。そんなとき、私はこう答えます。

「よく生きたら、あとは放っておけばいいのです。お任せしてしまえば、大丈夫。必ず、良い死がやってきますよ」

死んだらどうなるのかといったことは考えず、いまある生を全うすればいいのです。

よく生きたかどうかというのは、周りから判断されるようなことではありません。仕事で成功したか、暮らし向きはどうだったか、といったこととも関係ありません。

「即今、当処、自己」

いまその瞬間に、自分がいる場所で、自分ができることを精いっぱいやっているのかどうか。やってきたのかどうか。

不遇に身をおくことがあれば、不遇のなかで精いっぱいやります。病気になったなら、病気の自分として精いっぱいやります。そのようにできていたなら定命をしっかり使い切ることができます。そうなれば、良き死を迎えられる。

そういうものだと私は思います。

魂の存在を信じるか

「人が死んでも魂は生きているのですか？」

葬儀のあとなどにこのように問いかけられることがあります。肉親を亡くした場合などにはやはり気になるところなのでしょう。

そういうときに私は次のように答えます。

「水をイメージしてみてください。最初に氷があったとして、氷が溶ければ水になり、その水もやがて蒸発します。水蒸気になれば、私たちの目ではその姿を確認できなくなります。しかし水をつくっている成分であるH_2Oは、氷であっても水蒸気であってもH$_2$Oです。空気中に漂う水蒸気になってもH$_2$Oは永遠に消えません。人間も同じようなものだと考えてはどうでしょうか。死を迎えることで肉体は消えても、その人が持っていた本質が消え去ることはないのです」と。

ほとんどの人はそれで頷《うなず》いてくれます。

「魂というものは本当に存在しているのですか?」と聞かれた場合には、答えはひとつではなくなります。

死後について仏教は、中道の考え方を示しています。お釈迦様は死後については言葉にされておらず、それぞれの心に委ねられているのです。

つまり、自分自身がどう信じるか、ということです。

人が亡くなれば、そのお骨はお墓に埋葬します。

ふだん、魂はお墓の中にあり、お盆になると、家へと帰ってきてくれる、と考えることもできます。

魂はいつも自分の傍にいてくれると信じている人もいることでしょう。

自分がそうだと信じるならそれが正しい。

亡くなった人のことを思っているなら、その人の魂は、忘れずに思い続けている人の心の中に宿っているものです。

仏壇に手を合わせることもお墓参りも大事なことです。そうしてその人を思い続けていれば、その人はいつもそばにいてくれます。

魂を信じなさいというように押しつけがましいことを仏教は言いません。それでもやはり、魂などは存在せず死んだら無になるだけだと考えるよりは、魂のようなものは残ると信じていたほうが救われます。

残された側の人間も、亡くなった人はそばにいてくれると信じて、亡くなった人を思い続けられます。

その思いが供養であり、それによって残された人の悲しみも癒されるのです。

生まれてきたからには、老いていき、病気にもなり、やがて死を迎えます。

四苦、とくに老いや死とはどのように向き合えばいいのか。

死んだあとに私たちはどうなるのか。

魂は存在するのか。

そうした答えを出すのは自分自身です。

孤雲本無心

こうんもとむしん

空に浮かぶ雲は、風の吹くまま、何ものにも縛られず、何のこだわりも持たず、形を変え、向きを変えながら、流れていきます。

無心の境地が見出せる禅語です。

そんな雲のように変幻自在でありたいものです。

家族がいて、生活があれば、何ものにも縛られず生きていくのは難しいことですが、執着は手放し、自由な心でいたいものです。

「青山白雲」という禅語も紹介していますが、禅語には「雲」がよく登場します。「白雲自在《はくうんじざい》」という禅語もあります。やはり執着を捨てて、自由自在に流れていく雲のように生きていくことを意味します。

こだわりなどを捨ててこそ、自在な心であることができ、無心に近づけます。

坐看雲起時
ざしてはみる、くものおこるとき

腰をおろしたときにちょうど雲が湧き起こるのを見た、という意味です。

疲れたら腰を下ろして雲でも眺めていればいいと解釈すれば、無常に逆らっても仕方がないという教えになります。また、そういうときにたまたま雲が湧き起こるのを目にするものだと取るなら、無心の境地がそこに見出せます。

この禅語は、唐詩の一節から取られたもので、元の詩はこうです。

中歳より　頗《すこぶ》る道《どう》を好み
晩に家《いえ》す　南山のほとり
興《きょう》来れば毎《つね》に独り往《ゆ》き
勝事空しく自ら知る
行いては到る水の窮《きわ》まるところ
坐しては看る雲の起こるとき
偶然、林叟《りんそう》に値《あ》い
談笑して還期無し

中年になって仏道を好み、晩年になって南山に居を構えた。興に乗ればひとりで出掛ける。景勝をぼんやりとひとり楽しむ。歩いていれば水の流れの源に至り、腰をおろせば雲が湧き起こる。思いがけず、木こりに会えば、つい話し込んで時を忘れる――。

このような意味になります。

いろいろな受け取り方はできますが、林住期に執着を捨て、静かな心で生きている様子が描かれています。

春色無高下　花枝自短長

しゅんしょくこうげなく　かしおのずからたんちょう

春の気配は平等に訪れ、日射しは何ものも分け隔てしようとはせず注いでくれます。しかし、花をつける枝には長短があり、一様に日射しを受けられるわけではないということです。

長い枝は日射しをいっぱいに受けて早くから花を咲かせ、短い枝はあまり日射しを受けられずに花を咲かせるのが遅れるかもしれません。だからといって、短い枝は長い枝をうらやむこともなければ、自ら卑屈になることもありません。

自分のいる場所を受け入れて、精いっぱいの花を咲かせます。

人もまた境遇はそれぞれでも、等しく仏性を持っているので、自分なりに精いっぱい生きていけばいいのです。

随処作主　立処皆真

ずいしょにしゅとなれば　りっしょみなしんなり

臨済禅師の言葉です。

どんな場所にあっても、主体性をもった「主人公」であるようにして、力の限り努めていれば、常に自分らしく生きられ、真《まこと》であれる、ということです。

「主人公」という表現を使いましたが、この言葉も禅語です。

ドラマや映画の主人公とは異なり、「本来の自己」という意味です。

私たち禅僧は、本来の自己に出会うために修行を続けています。

一般の人たちも「こんな場所でこんなことをしているのが本来の自分なのか？」と苦しむことがあるかと思います。

そんな悩みを打ち明けられたときに私は言います。

「いまあなたがいる場所、歩いている道が、あなたの人生なのだと信じてください。どこかで道が変わることもあるでしょうが、それまでは迷わず進んでいくことです」

自分のいる場所は選べなくても、その場所でどう生きるかは自分次第です。

百尺竿頭進一歩

ひゃくしゃくかんとうにいっぽをすすむ

百尺といえばおよそ三〇メートルです。長さそのものは問題ではありませんが、それくらい長い竿の先にいるほど高い境地にまで至っているにしても、「さらに一歩先へ進め」ということです。

世間一般的な成功を指して、成功にあぐらをかくなと言っているわけではありません。僧であるなら修行に終わりはない、ということ。一般の人も、その場に立ち止まらず、常に前を向いて進んでいくのがいいということです。

落葉花開自有時

はおちはなひらく　おのずからときあり

冬になれば葉は落ちても、春がくればまた葉が茂り、花が開くという自然の摂理が示された禅語です。

春を迎えるためにも冬を越さなければなりません。逆にいえば、冬を越せば春が迎えられるのです。その冬も、ただの通過点ではなく、冬としての意味を持っています。

人生も同じです。険しい山を登っていくのが若い時期だとすれば、そこから下っていくのが老いの時期です。しかし、下りてきた道をそのまま行けば、新たな山が控えています。今度の山は、険しい道を登らなくても、なだらかな道を進んでいけます。

慌てず、ゆっくり歩いていけばいいのではないでしょうか。

前を向いて歩いていくにしても、年齢や身心の調子に合わせて歩調は変えていけばいいのです。

巌谷栽松

がんこくにまつをうえる

文字どおり岩ばかりの険しい谷に、松を植える、ということです。

そんな場所に松を植えてもなかなか育たないものなので、自分が生きているうちに松が育った様子を見ることはできないでしょう。それでも、いつかは大きく育つと信じて、未来の人たちのために松を植えるのもいいではないか……。なすべきことをやっておくのが大切だということです。

この禅語は、臨済禅師が山中の険しい谷に松を植えていた故事から生まれたものです。その様子を見ていた黄檗《おうばく》禅師が「そんなところにどうして松を植えるのか」と尋ねると、臨済禅師はこう答えたといいます。

「山門の境致とするため。また、後世の人たちの標榜《ひょうぼう》とするためです」と。

年を取ると、残された時間を考えて、「いまさら何をしたところで実らない」と考え、やらずにあきらめてしまいがちです。しかし、自分が死んだあとにも世は続き、次の世代の人たちが生きていきます。子どもや孫もいれば、道を継いでくれる人もいるかもしれません。だからこそ、後世の人のために標榜を残しておくことにも意味があります。

「自分が生きた証《あかし》を残したい」と考えるのなら、あとの世に生きる人たちの姿を思い浮かべてみるのもいいのではないでしょうか。

死んでしまったあと、どうなるのか？

「魂は存在するのかどうか？」という問いに対する答えは、一人ひとりの心の中にあります。

だとすれば、魂の存在を信じるのもいいのではないかと思います。

生きているうちに植えた苗がいかに育っていくかは、自分が死んでしまっても、心の目で確かめられる。私はそう信じています。

ラクレとは…la clef=フランス語で「鍵」の意味です。
情報が氾濫するいま、時代を読み解き指針を示す
「知識の鍵」を提供します。

中公新書ラクレ
711

無心《むしん》のすすめ

無駄《むだ》なものをそぎ落《お》とす

2020年12月10日発行

著者……枡野俊明《ますのしゅんみょう》

発行者……松田陽三
発行所……中央公論新社
〒100-8152 東京都千代田区大手町1-7-1
電話……販売 03-5299-1730　編集 03-5299-1870
URL http://www.chuko.co.jp/

本文印刷……三晃印刷
カバー印刷……大熊整美堂
製本……小泉製本

Published by CHUOKORON-SHINSHA, INC.
Printed in Japan　ISBN978-4-12-150711-2　C1295

L616

読む力
——現代の羅針盤となる150冊

松岡正剛＋佐藤　優 著

「実は、高校は文芸部でした」という佐藤氏の打ち明け話にはじまり、二人を本の世界に誘ったセンセイたちのことを語りあいつつ、日本の論壇空間をメッタ斬り。既存の価値観がすべて潰えた混沌の時代に、助けになるのは「読む力」だと指摘する。サルトル、デリダ、南原繁、矢内原忠雄、石原莞爾、山本七平、島耕作まで?! 混迷深まるこんな時代だからこそ、読むべきこの130年間の150冊を提示する。これが、現代を生き抜くための羅針盤だ。

L617

未来の呪縛
——日本は人口減から脱出できるか

河合雅司 著

人口減少が止まらない日本。少子化は加速し、国家として維持できないほど激減するとの未来予測まである。少子化の背景には、未婚や晩婚化、若者の価値観の変化などが言われる。本書では、明治から現在までの日本の歴史を「人口の観点」から顧みて分析、なぜ、ここまで惨状を招くことになったのかを探った。その一つには戦後、日本の封じ込めを狙うGHQの戦略に人口増加を抑える「人口戦」があった。話題の『未来の年表』の関連補足版。

L624

日本の美徳

瀬戸内寂聴＋ドナルド・キーン 著

ニューヨークの古書店で『源氏物語』に魅了されて以来、日本の文化を追究しているキーンさん。法話や執筆によって日本を鼓舞しつづけている瀬戸内さん。日本の美や文学に造詣深い二人が、今こそ「日本の心」について熱く語り合う。文豪たちとの貴重な思い出、戦争や震災後の日本への思い、そして、時代の中で変わっていく言葉、変わらない心……。ともに96歳、いつまでも夢と希望を忘れない偉人たちからのメッセージがつまった対談集。

L627

歳を取るのも悪くない

養老孟司＋小島慶子 著

私たちはいつまで働き続けなければいけないの？ 仕事が辛いときはどうしたらいい？ 定年後は何を支えにすれば？ なぜ自分の気持ちをわかってもらえない？ 夫婦関係って変わっていくもの？ 人付き合いって億劫にならない？ 老後のお金の心配は？ 人生百年時代に不安でいっぱいの小島さんが、「年を取るっていいものです」と言う養老先生に率直な疑問をぶつけます。今とは少し違う景色が見えてくる、幸せに生きるためのヒントが満載です。

L630

上皇の日本史

本郷和人 著

外国では、退位した王・皇帝に特別な呼称はない。いったん退位すれば、その権威・権力はすべて次の王・皇帝に引き継がれるからである。ところが日本では、退位した天皇は「上皇」と呼ばれ、ときに政治の実権を掌握してきた。では「上皇」とは、どのような存在なのか？二百年ぶりの天皇の譲位、上皇の登場を機に、上皇の歴史を辿り、現代における天皇・皇室、そして日本と日本人を考えるための視座を提示する。

L632

ビンボーでも楽しい定年後

森永卓郎 著

見た目も若々しい人から一気に老け込んでしまう人まで、「定年後格差」が広がるなか、本書は、年金の範囲内で生活できる技術や態勢を説くとともに、生きがいづくりのヒントを盛り込みました。資産運用、住まいの選択、相続のポイントから、節約術あれこれ、トクする小ネタ集、対人関係の秘訣、ネットの活用まで、具体的知見をお届けします。全81本のまさに知恵の宝庫。本書は定年後を楽しむためのノウハウをまとめた現代人必須の一冊です。

L633

老いと孤独の作法

山折哲雄 著

人口減少社会、高齢社会を迎えたいまこそ、人間の教養として、「一人で生きること」の積極的な意味と価値を見直すべきときではないか。歴史を振り返れば、この国には老いと孤独を楽しむ豊かな教養の伝統が脈打っていることに気づくだろう。西行、鴨長明、芭蕉、良寛、山頭火……。宗教学者として、日本人のさまざまな生と死に思いをめぐらせてきた著者が、みずからの経験を交えながら、第二の人生をどう充実させるかを考える。

L635

大人のための儒教塾

加地伸行 著

古来、農耕民族として生きてきた日本人には、祖先を敬い、互いを尊重し、助け合うという文化が根付いていた。そのあり方は、儒教の思想と深く親和してきた。お墓、位牌、仏壇、そしてお盆やお彼岸といった先祖供養などは、本来の仏教でなく、儒教に由来するものだ。本書は、儒教を歴史的に繙きながら、家族のあり方や冠婚葬祭、死の迎え方、老後の備えなど、人生百年時代をよりよく生きるための知恵とヒントをやさしく解説する。